한국인력개발학회 HRD 총서 2

HRD 학술총서
:경력개발

최우재 편

조성준, 김대영·이민영,
김효선, 리상섭, 최우재 공저

박영story

CONTENTS

INTRODUCTION
경력개발과 HRD:
왜 경력개발에 주목하는가?

배을규[1]

"구르는 돌에는 이끼가 끼지 않는다"는 격언이 있다. 이는 자신의 능력을 개발하기 위하여 노력하는 사람은 발전한다는 말로서 오늘날 일터 세계에서 활동하는 사람들에게 새삼 각별한 의미로 다가온다. 오늘날 평생직장이 아니라 평생고용의 시대로 진입하면서 일터 세계 종사자는 전 생애 및 경력 차원에서 자신의 역량 개발을 부단히 전개해나감으로써 자신의 고용가능성을 확장하고, 이를 통하여 자신의 비전과 목표 달성, 즉 자아실현을 이룰 수 있게 되었다.

최근 과학기술과 경영환경의 급격하고 지속적인 변화로 인하여 일터 조직 구성원의 부단한 역량 개발이 강조되면서 인적자원개발의 핵심 활동으로서 경력개발이 주목받고 있다. 인적자원개발은 조직 차원의 학습 활동 촉진과 수행 성과 개선을 목적으로 조직 구성원의 개인개발, 경력개발, 조직개발을 개발·설계·실행·평가함으로써 개인, 집단, 조직, 나

---

1 한국인력개발학회 회장, 인하대학교 교육학과 교수(ekbae@inha.ac.kr).

아가서 사회의 성장과 발전을 도모하는 분야이다. 따라서 인적자원개발
의 핵심적인 활동은 현재 및 미래 직무 역량 향상을 위한 '교육훈련^{개인}
개발', 조직 성과와 구성원 복지를 위한 '조직개발', 조직과 개인 요구의 동
시적 충족을 위한 '경력개발'이라 할 수 있다. 하지만 일터 현장에서 인적
자원개발 활동은 대부분 조직 요구, 즉 조직의 성과 창출에만 초점을 맞
춘 개인의 교육훈련에 치중되어온 것이 사실이다. 즉, 조직 요구에 근거
하여 교육훈련을 체계적으로 설계하고 효율적으로 전달하는 것을 인적자
원개발로 인식해 온 것이다. 오늘날 일터 조직은 매우 복잡하고 이질적
이며 특이한 문제 상황에 직면하고 있어, 조직 일방의 요구에 따른 단기
적인 문제 해결과 성과 창출에 매달리는 전통적 교육훈련 방식의 인적자
원개발은 한계를 가질 수밖에 없다.

　1983년 Patricia McLagan의 「Models for HRD Practice」가 발표된 이후
전통적인 교육훈련을 넘어서 조직개발과 경력개발도 인적자원개발의 활
동 영역으로 공식화되었지만, 일터 조직 현장에선 조직개발과 경력개발
이 인적자원개발의 실천 활동으로 널리 인식되지 못하고 있는 형편이다.
특히 경영관리 분야의 조직개발 컨설턴트들이 자신들의 학문적 배경을
바탕으로 조직 혁신과 변화를 위한 조직 진단과 조직 개입의 전문가로
자처하면서 오히려 인적자원개발 실천가들의 조직개발 활동은 위축되어
있는 상황이라 할 수 있다. 다만, 경영관리 분야의 조직개발 활동이 일터
조직에 전개되는 방식을 보면, 당면한 문제 해결과 조직 요구 충족에 초
점을 둠으로써 조직 효과성의 개선은 물론 조직 구성원 복지의 증진이라
는 조직개발의 본래의 목적 달성에는 기여하는 바가 크지 못한 실정이
다. 또한 장기적이고 전사적 차원에서 이루어져야 함에도 불구하고 단기
적 성과를 기대하거나 경영자 혹은 관리자 주도로 진행된 결과, 조직 구
성원들의 합의와 의지를 이끌어내지 못하여 실패하는 경우가 허다하다.
한편 20세기 말부터 등장한 여피족, 넷세대 등의 과거 세대와 다른 사고
와 행동 방식을 가진 신세대의 등장은 일터 조직의 질적 변화와 주도적

이고 적극적인 삶을 추구하는 일터 조직 구성원의 특성에 주목하게끔 만들었다. 오늘날 일터 조직의 주류가 된 이들 신세대 집단은 과거처럼 일방적인 조직 요구 해결에 중점을 두는 조직의 인적자원개발 활동보다는 조직 구성원 개인의 자발적 참여와 헌신을 이끌어내는 인적자원개발 활동을 원하고 있다. 더불어 일과 가정, 여가 생활의 조화를 통한 삶의 질 개선 도모가 단순히 사회적 현상에 그치지 않고, 일터 세계의 핵심적 이슈로 자리 잡게 되면서 일터 조직 구성원의 생애요구와 경력요구를 동시에 고려한 경력개발 활동이 조직 전체는 물론 조직 구성원 개인에게 모두 도움이 된다는 사실을 인식하기 시작했다.

　물론 인적자원개발의 세 가지 핵심 활동 영역, 교육훈련, 조직개발, 경력개발을 서로 독립적인 활동 영역으로 보아서는 안 된다. 조직의 혁신과 변화, 즉 조직개발을 위하여 조직 구성원의 경력을 부단히 개선함으로써 조직과 조직 구성원 스스로 변화 역량을 갖추도록 하는 경력개발이 추진될 수 있고, 그런 과정에서 체계적으로 설계되고 효율적으로 운영되는 교육훈련이 필요할 수 있기 때문이다. 그러나 경력개발 활동은 조직과 개인의 요구를 동시에 충족시키는 데 그 목적이 있기 때문에 개인적 차원의 교육훈련 활동과 조직적 차원의 조직개발 활동과는 다른 방식의 접근이 필요하다. 인적자원개발의 핵심 활동 영역으로서 경력개발은 모든 형태의 일터 조직에서 개인의 생애 및 경력 성장과 조직의 핵심 역량 강화를 위한 조직과 개인의 협력 활동이다. 조직의 핵심 역량 강화를 위하여 조직은 개인의 경력계획 수립과 실행을 지원하는 경력관리를 제공하고, 개인은 조직 요구를 반영한 경력개발 활동을 전개함으로써 개인과 조직의 요구를 동시에 충족시켜나가는 방식으로 실행되어야 한다. 이런 관점에서 이 총서는 변화된 일터 세계의 조직과 개인의 특성을 이해하고, 조직과 개인의 요구에 기반한 경력개발 실천 방향과 경력개발 연구 주제를 모색하는 데 도움이 될 다양한 이론과 사례를 제공해주고 있다.

　1장 조성준의 '전략적 경력개발'은 경영 환경 변화에 따른 경력개발의 변천 과정을 역사적으로 조망하여 조직 인적자원의 전략적 관리를 위한 전략적 경력개발의 필요성을 역설하고 있다. 저자는 조직의 전략, 조직의 수명주기, 개인의 경력주기에 따른 경력개발에 대한 논의를 통하여 소위 전략적 경력개발 모델을 제안하고 있다. 이 모델에는 전략적 경력개발을 위한 조직 환경의 내·외부적 요인과 경력개발로 인한 조직과 개인의 성과 요인들도 포함되고 있다. 이를 통하여 조직의 핵심 역량 강화와 개인의 경력 요구 충족을 위한 조직의 전략적 경력개발 계획 수립과 실행 방안 마련을 위한 아이디어를 제공하고 있다. 이 글은 기업 중심으로 논의되는 내용이라서 제안된 모델과 실행방안이 정부, 학교, 병원, NGO 등과 같은 비영리기관 조직에도 적용가능한지 여부에 대해서는 좀 더 논의가 필요하다고 본다. 그러나 최근 경력개발의 책임과 주도성을 개인에게 전가시키는 상황에서 자칫 개인이 조직의 가치, 목표, 사명과 무관한 경력개발을 추구하는 상황을 방지하고 조직 내 유능한 인적자원의 이탈을 예방하는 차원에서 이 글은 시사하는 바가 크다고 본다.

2장 김대영·이민영의 '경력개발 관련 국내 연구 동향 – 프로티언 경력태도를 중심으로'는 국내 경력개발 연구의 전반적 동향을 개관하고, 프로티언 경력태도와 관련하여 연구된 대상과 변인을 검토하여, 프로티언 경력태도와 관련된 경력개발 연구의 유사점과 차이점을 분석 후 향후 연구 방향을 제시하고 있다. 특히 프로티언 경력태도와 관련하여 연구된 대상이 기업 조직뿐만 아니라 다양한 직종과 직업에서 연구되고 있다는 점과 프로티언 경력태도와 관련된 연구 변수들이 개인, 조직, 사회 등 폭넓게 망라되어 있다는 점을 규명함으로써 이 글은 향후 프로티언 경력 연구자들에게 유용한 참고 자료가 될 것이라 본다. 덧붙여 이 글은 1장과 마찬가지로 경력개발의 주체를 조직이 아닌 개인으로 바라보는 시각의 한계를 지적하고 조직도 경력개발의 주체이자 적극적인 지원자가 되어야 한다고 주장하면서 조직 차원에서 경력개발 지원 방안을 제언하고 이를 위한 경력개발 지원 연구가 필요하다고 지적한다. 과거 단선형 및 선형적 경력경로에 치중한 경력개발이 일반적이었다면 최근에는 개인의 요구와 여건을 고려한 프로티언 경력, 무경계 경력, 나선형 경력, 전문가형 경력 등 다양한 경력개발 태도와 경력개발 접근법이 등장함에 따라서 이제 다양한 경력개발 태도와 직업 종사자를 대상으로 하는 연구 과제 발굴이 필요하고 이를 토대로 조직 차원의 보다 다양한 방식의 경력개발 지원 방안이 모색되어야 할 것이다.

　3장 김효선의 '사회적 맥락에서의 경력개발－고학력여성 경력개발의 사례를 중심으로'는 개인의 경력개발을 이해하는데 유용한 이론으로서 발달이론과 사회구성체론을 제안한다. 저자는 발달이론 차원에서 Levinson 과 Erikson의 성인발달이론보다는 Ginzberg와 Super의 경력발달이론에 주목한다. 이 경력발달이론에 의거하여 저자는 개인의 경력발달은 사회적 장면 속에서 주어지는 개인의 사회적 역할 문제를 해결하는 방식으로 이루어지므로, 개인의 삶의 장면place와 역할role을 우선적으로 이해해야 한다고 주장한다. 한편 사회구성체론 차원에선 경력 발달 과정을 개인의 사회문화적 맥락에의 적응과정으로 본다. 저자는 경력발달이 개인과 상황의 상호작용적이고 변증법적 과정으로 전개되기 때문에 개인의 경력발달은 그 개인이 처한 사회문화적 맥락 요인들을 고려하여 이해해야 한다고 주장한다. 이와 같은 이론적 배경 하에 저자는 자신이 수행했던 사례연구를 소개하면서, 연구 대상자였던 고학력여성들도 직업 선택과 경력발달에 있어서 그들이 처한 사회문화적 맥락 요인이 중요한 영향을 미치고 있음을 밝히고 있다. 특히 고학력여성이 처한 사회적 장면과 역할의 조정 활동, 즉 결혼, 학력, 차별 등과 같은 문제에 대한 역할 조정 활동이 그들의 직업 선택과 경력 발달에 장애 요인이자 필요 활동이 됨을 역설하고 있다. 이런 연유로 여성의 경력개발은 개인적 노력뿐만 아니라 조직, 지역사회, 국가 차원에서 보다 체계적이고 적극적인 지원 노력이 요구된다고 하겠다. 요컨대, 기존 경력 이론들은 대개 서구 국가와 문화를 배경으로 제안된 것들이어서 이제 우리나라 성인의 생애 및 경력발달이론을 연구하여 국가 평생학습과 인적자원개발 정책 및 제도 수립에 활용할 경력개발 모델을 개발할 필요가 있을 것이다.

4장 리상섭의 '4차 산업혁명 시대 기업 내 경력개발의 이론과 실제'는 기존 경력개발 모델이 심리적인 생애발달이론에 의거하여 제시되고 있는데 이는 기업 내 경력개발 현실과 부합되지 않는다고 지적하면서 새로운 경력개발 모델을 제시하고 있다. 저자는 기업의 경력개발 상황을 개인-환경 관계 측면, 즉 개인 역할과 환경^{조직} 역할의 상호보완작용으로 묘사한 모델을 제안하였다. 이 모델로 국내 한 글로벌 기업의 경력개발 사례를 분석하고 시사점을 도출하고 있다. 저자의 경력개발 모델은 향후 좀 더 많은 사례를 통하여 확인되고 검증되어야 할 과제를 안고 있으나 경력개발 주체, 전통적 경력과 현대적 경력, 전문가 육성 단계, 계획된 우연 이론, 열린 조직 이론 등 경력개발의 복잡한 현상을 종합적으로 이해하는 데 도움이 될 다양한 개념과 이론들을 소개하고 있어 경력개발 연구자뿐만 아니라 현장 실무자들에게도 유익한 정보를 제공하고 있다.

5장 최우재의 '경력성공을 위한 고용가능성의 이해'는 기존 경력 개념들을 개괄한 결과, 고용가능성의 경력 개념을 부각시키면서 고용가능성의 구성요인들을 분류해 소개한다. 저자는 이러한 고용가능성 구성요인들과 객관적, 주관적 경력성공의 관계를 논의하고 경력성공을 위한 고용가능성 경력 제고 방안을 제안하고 있다. 특히 저자는 최근 경력 환경 변화로 특정 직장, 즉 내부노동시장에서 고용안정성보다는 내부 및 외부고용시장 모두에서의 고용가능성으로 경력 개념이 변화하고 있다고 지적하면서 개인의 고용가능성 개발로 보다 다양한 경력기회를 획득하고 경력성공을 실현할 수 있을 것이라 주장한다. 저자는 선행 연구와 이론에 의거하여 고용가능성을 경력정체성, 적응성, 사회적 및 인적자본 요소로 분류 설명하고, 각 요소들이 객관적 경력성공, 주관적 경력성공과 관계가 있다고 보는데 이는 향후 실증 연구 주제로서 가치가 있다고 본다.

이번 HRD학술총서 2: 경력개발 편에 게재된 논문들은 경력개발을 공부하고 연구하고 자문하는 인적자원개발 전문가들에게 매우 유익한 자료가 될 것이라고 믿어 의심치 않는다. 평생학습사회와 지능정보화사회 대두로 인하여 개인과 조직은 물론 국가의 성장과 발전을 위해서도 국민 각자가 전 생애 동안 지속적으로 경력을 개선하고 개발해나가는 것은 필수적이고 중요한 활동이 되고 있다. 그럼에도 불구하고 우리나라 인적자원개발 학계나 현장에는 전문적인 경력개발 연구자와 실천가가 부족한 실정이다. 심지어 외국의 이론가와 연구 성과에 의존해야 하는 국내 상황을 감안할 때 이번 HRD학술총서는 경력개발에 관심을 두고 있는 연구자와 실천가에게 의미가 크다고 본다. 다만 이 책이 경력개발 관련 도서로서 하나 더 추가되는 것이 아니라, 국내 경력개발 분야의 고유한 전문성 구축을 위한 계기가 되기를 바란다. 덧붙여 한국인력개발학회 학술총서 발간위원장이자 이 총서의 편집자인 최우재 교수, 연구와 교육으로 바쁜 시간을 쪼개어 옥고를 작성하고 제출해준 조성준 교수, 김효선 교수, 리상섭 교수, 김대영 박사, 이민영 박사에게 각별한 감사의 말씀을 드린다. 많은 HRD 학자와 학생들에게 좋은 도서를 제공해주고자 이번에도 학술총서 출판을 허락해주신 박영스토리 안상준 대표님과 이선경 과장님, 세심하고 정교하게 편집을 해주신 배근하 님께도 심심한 감사의 인사를 올린다.

01

CAREER
DEVELOPMENT

전략적 경력개발

조성준[1]

SUMMARY

경력이란 개인의 생애에 있어 직업과 관련한 경험의 총체를 의미한다. 과거에는 경력개발이 개인의 이해와 관심사에 국한된 것으로 인식되었고, 조직 차원의 관심이 그리 크지 않았던 것이 사실이다. 하지만 최근 평생직장의 신화가 깨지고, 조직과 종업원 간의 장기적·심리적 계약이 퇴색됨에 따라, 종업원들은 조직내부보다는 외부로 눈을 돌려 자신의 경력을 이어갈 기회를 찾게 되었다. 따라서 경쟁우위 확보의 원천이 될 핵심 역량 확보가 절실한 조직의 입장에서, 경력관리의 전략적 필요성과 중요성은 그 어느 때보다 커졌다. 이 글에서는 경영전략 수립과 실행, 평가의 프로세스를 경력관리에 적용함으로써 개인의 경력개발을 조직의 전략적 방향과 일치시키는 한편, 조직의 성과에 기여하는 경력개발의 모델을 제시하고자 했다. 이 글에서 제시하는 전략적 경력개발 모델은 조직 내·외부의 환경적 영향, 경력개발 프로그램의 실행에 영향을 미치는 조직의 지원정책과 제도 및 개인의 특성을 고려하였다. 또한 경력개발의 산출물로서 개인적 차원과 조직적 차원에서 측정되고 평가되어야 할 성과 요인을 살펴보았다. 전략적 경력개발 노력이 성과를 창출하기 위해서는 최고경영진을 비롯한 모든 조직구성원들의 참여가 중요하며, 종업원들의 역량과 조직 차원에서의 지원시스템이 뒷받침 되어야 함을 강조하였다.

KEY WORD   전략적 경력관리, 경력주기, 핵심역량, 조직문화, 경쟁우위

---

1 가천대학교 교수(sungguri@gachon.ac.kr).

01 들어가며: 전략적 경력개발이란?

많은 조직에서 종업원들의 직무적 관심사나 경력 욕구를 파악하여 이를 조직의 요구와 일치시키기 위해 노력하고 있다. 경력개발career development은 종업원과 조직 이해 간의 부합성을 높이는 한편, 능력 있는 인적자원들을 조직 내에 오랜 기간 동안 유지시키는 도구로 활용된다. 경력개발 프로그램을 잘 활용하는 조직은 종업원의 만족도를 높이고, 이직률을 감소시키는 한편, 미래의 인력 수요에도 효과적으로 대응할 수 있는 등 여러 가지 효과를 얻을 수 있다. 경력개발은 조직과 개인의 요구에 적합한 역량을 개발한다는 측면에서 인적자원개발human resource development의 하위 영역으로 인식되며, 조직전략과의 정합성이 중요하게 고려된다는 점에서는 전략적 인적자원관리strategic human resource management의 한 분야라 할 수 있다.

이 글의 주제인 전략적 경력개발은 조직의 전략적 목표와 사명에 부합하는 경력개발 노력을 의미한다Kaplan & Norton, 1996. 여기서 말하는 전략적 목표란 조직차원에서 가장 높은 우선순위를 두고 중시하는 목표를 의미한다. 조직은 전략적 계획strategic planning을 통해 조직목표 달성을 위한 내·외부 환경을 분석하고, 구체적인 실행방안을 수립한다. 조직의 전략적 목표를 달성하기 위해 필요한 요소에는 여러 가지가 있겠지만, 가장 중요한 것은 조직의 목표와 방향을 이해하고, 목표달성을 위해 기여할 수 있는 인적자원을 확보하는 것이다. 이 때문에 전략적 목표달성을 위한 인적자원개발HRD, 즉 전략적 인적자원개발Strategic HRD이 필요한 것이다. 따라서, HRD의 목표는 조직의 전략적 수준에서 정의될 필요가 있다Robinson & Robinson, 2005.

HRD의 목표가 조직 전략적 수준으로 전환되면서 그동안 개인적인 목표에 기초하고, 조직은 이를 지원하는 역할을 담당했던 전통적인 경력개발 개념[Simonsen, 1997]이 변화하였다. 오늘날처럼 변화의 폭이 크고, 역동적이며, 예측이 어려운 경영환경에서 종업원들은 더 이상 하나의 조직에서, 한 가지 직무의 전문성만을 추구하지 않는다. 다양하고 변화무쌍한 경력변화를 추구하는 프로틴 경력[protean career]이나 조직 외부로의 이동을 통해 자신의 가치를 키워가는 무경계 경력[boundaryless career]이 더욱 보편화 되는 것이 오늘날의 추세다[Arthur & Rousseau, 1996; Briscoe & Hall, 2006]. 이러한 환경 하에서 종업원 개인의 경력목표와 조직의 전략목표를 조화시킬 필요성은 더욱 커진다.

Baruch[2006]가 지적하는 바와 같이 경력의 변화는 개인의 관심사이지만, 그렇다고 해서 조직이 이에 무관심해서는 안된다. 다만, 조직의 개입은 명령적, 통제적, 일방적이기보다는 개인의 목표를 협력적인 자세로 지원해야 할 필요가 있다. 경력관리나 경력개발의 영역에서는 조직과 개인 간의 갈등과 마찰이 발생할 가능성, 즉 개인의 요구와 관심사가 조직이 추구하는 전략 및 목표와 상충될 가능성이 있다. Edward[1979]에 따르면 이러한 긴장관계는 조직이 전적으로 통제하는 다른 여타의 생산수단과는 달리 노동에 대해서 만큼은 제한적으로 부분적 통제력만 행사할 수 있을 뿐이며, 최종적이고 결정적인 통제력은 노동력을 보유한 종업원 자신에게 있기 때문에 발생한다. 조직이 계획하고 의도한 대로 노동력이 통제될 수 없다는 사실 때문에 조직은 종업원 경력개발에 대한 투자와 노력에 소극적일 수밖에 없다. 이러한 긴장 관계는 종업원 개인이 추구하는 경력목표와 조직의 전략적 목적이나 목표를 일치시킴으로써 해소될 수 있다.

Purda-Nicoara[2011]에 따르면, 전략적 경력개발은 조직 내에서 경력과 관련한 전략을 수립하고 실천하는 절차를 의미하는 경력관리[career management]와 조직의 HR 니즈와 개인에 대한 조직적 지원을 조화시키는 과정을 의미하는 경력계획[career planning]을 결합한 개념이다. 전통적으로 경력 개념에 대한 조직과 개인의 시각차가 존재했다. 조직의 입장에서 경력이란 조직의 계층구조에 적합한 인재를 발굴, 개발, 배치시키는 것에 주안점을 두었던 반면, 개인의 관점에서 경력이란 자아실현을 위해 일생동안 축적해 가는 일과 경험의 총체적 과정을 의미하였다. 오늘날 경력개발은 이렇게 상이한 조직과 개인의 경력개념과 목표를 통합한 상호 협력적인 시스템 구축을 추구한다[Baruch, 2006]. 전략적 경력개발은 좀 더 효율적이고 효과적으로 개인과 조직 간에 공동으로 추구하는 목적 달성을 위한 시스템과 활동이라고 정의될 수 있다.

이 글은 전략적 경력개발의 개념을 통해 조직과 개인 간의 관심과 이해를 통합하는 인적자원개발 및 경력개발 모델의 구축가능성을 탐색해 보고자 한다. 이를 위해 먼저 경력개발의 개념을 소개하고, 조직전략과 경력개발 간의 관계를 살펴본 후, 필자가 제안하는 전략적 경력개발의 모델을 제시할 것이다.

02 경력개발의 개념과 흐름

앞에서 언급했듯이, 경력은 개인의 직업관련 경험이 순차적으로 진화 하는 과정이며[Arthur, Hall, & Lawrence, 1989], 경력개발career development이란 개인의 역량이 조직에서 자신의 경험과 일의 경로를 따라 발전하는 과정이다[Baruch, 2006]. 흔히 경력관리career management와 경력개발의 개념이 혼동되어 사용되는 경우가 많은데, 경력관리라 하면 경력목표 달성을 위해 사전에 계획된 일련의 경력활동을 의미하는 반면, 경력개발은 보다 변화지향적 이고 발전지향적인 의미를 내포하고 있다. 개인의 경력을 변화시키고 발 전시키는 일차적 책임은 자신에게 있다. 따라서 그동안 경력개발에 조직 적 관심이나 노력이 그리 크지 않았던 것이 사실이다. 하지만 조직이 처 해있는 환경이 크게 변화하였다. 즉, 조직의 외부에서 가해지는 변화의 압력이 이전과는 비교할 수 없을 정도로 커졌다. 이러한 환경적 변화에 직면하여 사업의 내용을 환경에 부합하는 방향으로 변화시키고 시장과 고객의 요구에 보다 빠르게 대응하기 위해서는 종업원들도 기존의 직무만을 고집할 수는 없다. 종업원들의 변화는 조직적 차원의 지원이 수반될 때 더욱 성공적이고 효과적일 수 있기 때문에 오늘날에는 경력개발이 개인에 국한된 관심사라기보다는 조직과 개인이 함께 고민해야 할 과제로 대두되었다.

과거부터 현재까지 경력관리 혹은 경력개발이 조직과 개인에게 주는 의미나 주안점은 시대와 환경에 따라 변화해 왔다. 1970년대만 해도 경력관리는 종업원 개인의 계획과 목표를 실현할 수 있게 지원하는 것을 의미했다. 이를 위해 조직에서는 경력관리 워크숍이나 상담 프로그램을 운영했다. 1980년대에 들어와서는 경력관리가 조직의 비즈니스적 요구에 부응해야 한다는 인식이 확산되었다. 특히 GE 등 글로벌 기업들은 승계계획succession plan이나 고성과자 혹은 차세대 리더 양성을 목적으로 하는 리더십 훈련 프로그램high-flyer program에 앞 다투어 투자하였다. 이 시대 많은 직장인들의 경력목표는 조직 내 경력 사다리를 통해 상위 직급으로 승진하는 것이었고, 나이나 경력 연수가 비슷한 다른 사람에 비해 빨리 승진하는 것이 곧 성공으로 인식되었다Schuler & Jackson, 1987. 이러한 인식은 1990년대 말과 2000년대에 들어서면서 크게 변화하였다. 인적자원의 전략적 중요성은 이전보다 더욱 커졌지만, 한편으로는 평생고용의 신화가 깨지고 프로틴 경력protean career과 무경계 경력boundaryless career이 보편화되면서 종업원들은 조직 내에서의 성공을 추구하기보다는 이직을 통해 자신의 전문성을 살리면서 경제적 보상을 높이려는 추세가 강하게 나타났다Arthur & Rousseau, 1996; Briscoe & Hall, 2006.

하나의 조직에 머물기보다는 빈번하게 직장을 옮기면서 자신의 전문성을 살리고 몸값을 높이는 경력개발 경로가 보편화되면서 기업의 입장에서는 조직의 경쟁력에 반드시 필요한 인재확보와 유지에 어려움을 겪게 된다. 따라서 오늘날에는 조직의 목표와 개인의 이해를 조화시킨 새로운 형태의 경력개발이 중요한 이슈로 대두되고 있다.

03 경력개발 모델

경력개발은 조직의 이해와 일치해야 한다. 이를 위해 조직의 비전, 사명, 전략이 분명하고 명확하게 표명되어야만 그와 연관된 경력개발 전략을 수립할 수 있다. 조직이 추구하는 비즈니스 전략은 전략적 경력개발의 가장 본질적인 의제를 형성한다. 예를 들어 마이클 포터의 본원적 전략 중 비용 리더십^{cost leadership} 전략을 채택한 조직에서의 경력개발은 주로 조직 내부의 고유한 지식과 기술^{firm-specific knowledge}과 현장에서의 낭비요소를 절감하기 위한 관리 기술^{managerial skill}을 학습시키는 한편, 초급 및 중간 관리자의 육성에 보다 많은 자원을 투입할 것이다. 이와는 달리, 차별화^{differentiation} 전략을 추구하는 조직의 경력개발은 다른 형태로 나타난다. 경쟁사와 차별화할 수 있는 포인트는 조직이 보유하고 있는 인적자원에 달려 있으므로, 획일적인 역량과 경력개발을 추구하기보다는, 각 개인의 요구에 초점을 맞춘 다양한 형태의 경력개발을 시도한다.

1) 비즈니스 전략에 따른 경력개발

Noe²⁰⁰⁹는 비즈니스 전략을 집중^{concentration}, 내적 성장^{internal growth}, 외적 성장^{external growth}, 철수^{divestment}의 네 가지로 분류하고 이 중 어느 전략을 선택하느냐에 따라 인적자원 개발의 방향이 달라진다고 하였다.

먼저 집중^{concentration} 전략이란 현재의 상품과 서비스에 집중하면서 시장점유율의 향상을 도모하는 전략이다. 주력 제품에 집중하기 때문에 지속적인 품질 향상과 비용 절감이 가능하며, 시장점유율을 높일수록 생산량이 증가하므로 규모의 경제가 주는 이점을 누릴 수 있다. 이러한 전략을 추구하는 조직에서는 현장의 업무를 통한 학습on-the-job training이 HRD의 중심 활동이 되고 경력개발 활동은 자사의 비즈니스를 잘 이해하고 성과를 낼 수 있는 내부 전문가를 육성하는 데 초점이 맞추어진다.

내적 성장internal growth을 도모하는 전략은 기존의 시장을 기반으로 하여 새로운 제품을 개발하는 제품개발product development 전략이나, 현재 출시되고 있는 제품을 새로운 시장에 침투시키는 시장 개발 전략market development과 같이 기존의 자원을 활용하여 신사업을 전개하는 전략을 의미한다. 이러한 전략은 기존 혹은 신규 시장의 고객 성향에 대한 파악이 가장 우선시 되어야 하므로 시장과 마케팅 전문가의 육성이 중요하다. 따라서 경력개발의 초점은 현장 경험을 통한 시장의 이해와 함께 지역 전문가로 성장하도록 지원하는 데 맞추어진다. 또한 신시장에 진출하였을 때 현지 직원 및 파트너들과 원활한 의사소통을 바탕으로 사업을 진행하기 위해 이문화 훈련cross-cultural training을 강화하고 다양성에 대한 이해도가 높은 글로벌 관리자를 육성하는 데 관심을 쏟는다.

외적 성장external growth을 추구하는 전략은 기존의 시장과 제품에 더하여 새로운 사업을 창출함으로써 성장을 꾀하는 전략이다. 이러한 전략은 주로 인수합병M&A이나 분사spin-off 등 구조적 변화를 통해 추진되는데, 특히 인수합병의 경우 새로 인수한 조직과의 통합을 촉진하기 위한 관리 역량의 개발이 중요한 과제다. 또 기존 조직 내에서 새로운 사업을 개발하는 사내벤처intrapreneur나, 분사 독립시키는 방식 등 외적 성장이 추진될 수도 있다. 분사전략이 성공하기 위해서는 기업가 정신entrepreneurship을 바탕으로 하여 새로운 사업을 개발, 직접 경영자의 역할을 하는 소사장들이 조직 내에서 많이 배출될 필요가 있다. 조직의 경력개발전략은 이처럼 자신이 직접 경영자가 되기를 꿈꾸는 소사장들을 육성, 개발하는 데 주안점을 둔다. 또한 M&A를 통해 합병한 조직의 종업원들이 기존 조직에 융화될 수 있도록 이질적 조직 간의 화학적, 문화적 결합에도 관심을 기울인다.

철수divestment 전략은 사업과 조직 규모를 축소하고 성장보다는 생존turnaround을 우선순위로 놓는다. 이러한 전략은 필연적으로 구성원들의 해고나 퇴직을 수반한다. 이 경우 조직 내에서의 경력 성장이 이루어지기는 어렵다. 특히 기존에 추진하던 사업의 축소가 불가피하므로 기존 사업을 담당하였던 종업원들의 이직이나 전직을 대비한 경력개발이 필요하다. 퇴직자를 위한 전직지원outplacement 프로그램이 하나의 예가 될 수 있다. 만약 기존 사업이 축소되고 신규 사업이 새롭게 추진된다면 기존 사업의 담당자들이 신규 사업에 전환배치 될 수 있도록 신사업에 대한 교육과 훈련이 강화될 필요가 있다. 이러한 내용은 <표 1>과 같이 요약될 수 있다.

표 1   조직 전략에 따른 경력개발 활동

조직 전략	우선순위	경력개발 주안점
집중(concentration)	시장점유율 확대	내부전문가 육성
내적성장 (internal growth)	신제품/신시장 개발	현장경험 강화 글로벌관리자 육성
외적성장 (external growth)	조직구조적 변화	소사장 배출, 조직통합
철수(divestment)	생존과 축소	해고, 퇴직, 전직지원

출처: Noe(2009)의 논의를 중심으로 필자가 정리.

2) 조직 수명주기에 따른 경력개발

인간의 삶이 그렇듯, 조직은 수명주기 단계에 따른 고유의 니즈와 과제를 가지고 있다. 일반적으로 조직의 수명주기는 탄생birth, 성장growth,

성숙[maturity], 쇠퇴[decline]의 단계를 거친다. 새로 태어나 성장하는 조직에서는 종업원 훈련에 대한 요구가 자연스럽게 일어난다. 종업원들이 사업추진에 필요한 역량을 하루빨리 습득해야 하기 때문이다. 이 단계에서의 교육훈련은 개인의 관심사보다는 조직의 요구와 필요에 초점이 맞추어질 가능성이 높다. 조직의 수명주기가 성숙, 쇠퇴기에 접어들면 기회는 보다 제한되고, 이때는 개인의 니즈가 경력개발의 내용에 보다 많이 반영될 것이다.

개인의 개발 욕구와 조직의 필요 간에는 상관관계가 있다. 신생 조직에서는 위험을 감수하고 새로운 지식과 역량의 습득을 추구하는 사람을 필요로 하고, 성숙기에 들어서 있는 조직에서는 보다 안정적으로 경험과 역량을 발휘할 수 있는 사람을 선호한다. 이를 반영하듯, 스타트업 벤처기업 구성원들의 평균 연령은 업력이 깊은 대기업, 중견기업에 비해 낮은 경향이 있다. 때문에 벤처기업의 젊은 직원들은 대기업에서 요구되는 관리능력이, 대기업 직원들에게는 새로운 지식과 기술의 습득이나 성장에 대한 동기가 상대적으로 부족한 경향이 있다.

표 2　조직 수명주기에 따른 경력개발 활동

탄생	성장	성숙	쇠퇴	경력개발 활동
○				탐색과 진입
	○			훈련과 개발
		○		유지와 정착
			○	이탈대비

출처: Tichy, Fombrun, & Devanna(1982).

이러한 문제를 해소하기 위해 '의도적 미스매치'를 고려해 볼 만하다. 벤처기업 종업원들은 대기업 연수원에서 안정적인 조직관리, 갈등관리에

관한 지식과 기술을 익히게 하고, 매너리즘에 빠져 정체되어 있는 대기
업 직원들은 야간 대학원 등 재교육을 시킨다든지, 신사업 TF에 파견하
여 기존의 틀을 벗어난 사고를 하도록 자극하는 것이다.

3) 개인 경력주기에 따른 경력개발

경력개발의 전략을 수립하는 데 있어서 개인들의 경력주기도 고려해
야 한다. 경력 초기 탐색 단계에 있는 개인은 미래와 경력개발 기회에 대
한 정보를 필요로 한다. 이러한 정보는 상담이나 인턴십, 멘토링을 통해
습득될 수 있다. 이들에게는 자기주도적인 경력 계획, 교육훈련전문가,
경력 탐구 등을 할 수 있도록 조직의 지원이 필요하다.

그동안 동일한 조직에서 제한된 업무만 해온 단일 경력자나 중간 경력
자mid-career들은 성장의 동기와 동력이 정체되어 있을 가능성이 높다. 이
들에게는 보다 도전적인 과제를 주어 정체되어 있는 상태를 탈피하고 미
래의 변화에 대응할 수 있는 능력을 함양시킬 자극이 필요하다. 단일 경
력자나 중간 경력자를 자극하기 위한 구체적인 방법으로는 주기적인 직
무교체job rotation가 있다. 직무교체는 많은 조직에서 중간 경력자들의 경력
개발 및 학습을 지원하는 방법으로 많이 활용되고 있다. 현재의 직무 재
설계job redesign나 참여적 관리participatory management의 활용도 고려할 만하다.
이들은 또한 자신의 분야에서만 오랫동안 일해 왔기 때문에 심지어는 조
직 내에 다른 어떤 기회들이 있는지 알지 못하는 경우가 많다. 따라서 앞
에서도 언급했던 것처럼 이중경력개발dual ladder 기회를 제공하여, 관리자
로서 성장하지 못하더라도 자신의 분야의 전문가로서 경력을 개발하도록
지원하는 것도 하나의 방법이다. 앞에서 언급하였던 '의도된 미스매치'의
일환으로서, 이들을 제한된 시간 동안 전혀 다른 부서에 임시로 파견시
켜 다른 직무를 경험해 보도록 하는 것도 경력의 정체를 해소하는 데 도
움이 된다.

경력 후반부에 들어선 종업원들에게 어떠한 경력개발 경로를 제시할 것인가도 조직의 숙제이다. 어떤 조직에서는 조기 퇴직 혹은 전직을 유도하기도 하지만 이 방법은 당사자들에게는 환영받지 못한다. 이들에게 제시될 수 있는 보다 현실적인 방법은 단계적인 전환phased transition을 제안하는 것이다. 어느 날 갑자기 해고를 통보하거나 준비 없는 퇴직을 유도하기보다는 다른 직장이나 직무로 이동하기 위해 사전에 준비할 수 있는 기회를 제공하는 것이 좋다. 정규직으로 일하던 종업원들이 완전히 조직을 떠나기 전 상당 기간을 파트타임이나 부분 근로자로서 일하도록 조치를 취하는 것도 방법이 될 수 있다. 퇴직을 앞둔 종업원들에게 휴가를 부여하여 퇴직을 앞두고 자신이 원하는 경력과 직무에 대비할 수 있는 시간을 가질 수 있도록 하는 것도 좋은 방안 중 하나이다.

04 전략적 경력개발 모델: 환경적 요인과 목표

앞에서 언급했듯이, 전략적 경력개발은 개인의 경력을 조직의 전략적 방향과 일치시키는 것이다. 경력개발은 전략적 인적자원개발strategic human resource development의 필수적인 부분으로 자리매김 되어야 한다. 그래야만 조직이 원하는 재능과 역량이 확보될 수 있다.

인적자원관리 혹은 인적자원개발 활동이 조직의 전략과 조응해야 하고 따라서 HR 기능이 조직의 전략적 파트너가 되어야 함은 오래 전부터 강조되어 왔다. 경력개발 역시 이러한 관점 하에서 추진될 필요가 있다. 조직 차원에서의 목표와 전략적 방향이 정해지면 자연히 조직에서 필요로 하는 역량과 지식에 대한 수요가 도출된다. 이에 기반을 두어 향후 조직에서 필요한 역량과 지식을 확보할 수 있는 전략이 수립되어야 하고, 이는 종업원 경력개발이 조직 변화의 전략적 방향과 조응해야 할 이유이다.

조직의 전략이 환경과 상황에 맞게 조정, 변경되어야 하는 것처럼 개인의 경력개발 목표와 계획도 조직의 요구에 부응하여 변화해야 한다. 경력개발은 전통적인 이론들이 말하고 있는 것처럼 고정적이기보다는 역동적이고 항상 변화의 가능성이 열려 있는 것으로 인식되어야 한다.

그림 1   전략적 경력개발 모델

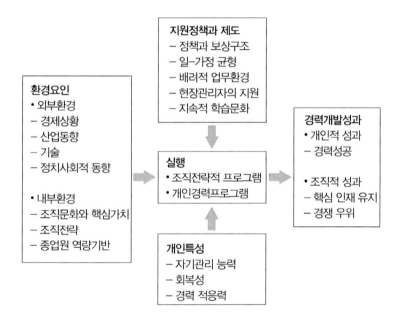

이러한 시각에 근거하여 이 글에서는 <그림 1>의 전략적 경력개발 모델을 제시하고자 한다. 이에 따르면 조직의 경력개발은 환경적 요구와 개인의 니즈를 균형 있게 반영해야 하며, 조직의 제도와 시스템을 통해 실행된다. 또한 경력개발의 주체라 할 수 있는 개인의 동기부여 정도 등 개인적 특성에 따라 그 실행의 성패가 좌우될 수 있다. 이렇게 실행된 경력개발은 조직과 개인 수준에서 성과를 창출한다.

1) 전략적 경력개발의 환경적 요인

경력개발은 조직이 직면하고 있는 환경적 요인의 변화에 따라 추구하는 목적과 내용이 규정된다. 조직이나 개인이 추구하는 경력개발이 환경적 변화에 조응하지 못한다면, 변화하는 환경에서 뒤처질 수밖에 없을 것이다. 환경의 변화 속도가 빨라질수록 조직과 개인의 경력목표와 경력개발 시스템의 변화도 그에 상응하여 빨라져야 한다. 예를 들어 인공지능 기술에 기반을 두어 전개되는 4차 산업혁명이 가속화되는 환경 하에서 병원 혹은 회계 법인처럼 그동안 전문직 인적자원의 역량에 의존하던 조직에서는 자체적 역량의 어떤 부분을 인공지능으로 대체할 수 있을지 결정해야 하고, 인공지능과 사람 간의 역할 분담과 협업을 실현할 방안을 수립해야 한다. 또한 의사나 회계사 등 전문직 종사자들도 그에 따른 경력목표와 자기개발 전략을 수립해야 할 것이다.

그렇다면 조직 내·외부의 환경적 요인이 조직의 경력개발에 어떻게 영향을 미치고 구현되는지 살펴보도록 하자.

(1) 외부환경

① 경제상황

경계 없는[boundaryless] 경력개발 혹은 프로틴[protean] 경력 등 경력개발의 새로운 접근 방법이 대두된 것은 외부 경제상황의 영향이 크다. 성장의 정체나 높은 실업률 등 외부 경제상황이 좋지 않을 경우 기존에 목표로 삼고 있던 경력개발 노력이 수포로 돌아갈 수도 있다[McDonald & Hite, 2005]. 제조업 경제에서 지식경제로 경제의 패러다임이 변화하면 높은 수준의 지식노동자를 유치하고 육성하기 위한 조직의 관심과 투자가 증가할 것이므로 이런 상황은 개인들에게는 새로운 기회요인이 된다[Guest & Rodrigues, 2012].

② 산업 동향

특정 분야의 산업이 성장하는지 혹은 쇠퇴하는지의 여부도 경력개발에 영향을 미친다. 예를 들어 한류문화의 확산은 중국이나 동남아 여행객들을 증가시키고 관광산업을 활성화할 것이므로 외국어에 능통한 관광 전문 인력의 수요를 높일 것이다. 또한 인터넷비즈니스나 모바일 거래가 급증하면 프로그래머나 컴퓨터 엔지니어에 대한 수요가 이전에 비해 크게 증가하기 때문에 조직은 관련 분야 전문가를 육성해야 한다. 이 경우 컴퓨터 관련직종으로의 경력개발을 고려하는 사람들에게는 기회가 주어진다.

산업 내 경쟁도 경력개발에 영향을 준다. 산업 내 경쟁 강도가 높아지면 종업원들의 이탈에 주의해야 한다. 경쟁기업들의 인력수요가 증가하면 인력의 외부유출을 최소화시키기 위해 조직 내에서 승진을 시키거나 개인이 원하는 경력목표를 실현시킬 수 있도록 지원하는 등 종업원이 현재의 조직에 남을 수 있는 유인으로 경력개발을 활용하는 것이 좋다.

③ 기술

기술의 변화는 경력개발에 다양한 방식으로 영향을 미친다. 신기술이 개발되고 기존의 기술이 낡은 것이 됨에 따라 새로운 직업이 생겨나기도 하고, 또 기존에 존재하던 직업이 더 이상 필요 없는 직업이 되어 사라지기도 한다. 경력개발 계획을 수립함에 있어 이러한 기술 동향을 감안해야 하며, 그렇지 못할 경우 자칫 진부하고 낡은 지식과 기술을 익히는 데 시간과 자원을 허비할 위험성이 있다. 따라서 경력개발을 실행하고 있는 조직과 개인들은 항상 기술의 변화 동향에 민감할 필요가 있다.

④ 정치사회적 동향

정치적 사건이나 커다란 사회적 이슈들도 경력개발 방향을 설정하는 데 있어 고려되어야 한다. 오래된 예이기는 하지만, 1964년 미국 인권법 Civil Rights Act의 제정은 그동안 노동시장에서 소외되었던 소수 인종과 여성의 사회진출을 촉진시켰다. 정치사회 전반에 걸쳐 민주주의가 확산되면 과거 특권을 누렸던 계층의 권리는 축소되고, 반면 소외되고 억눌렸던 계층이 성공할 수 있는 기회는 확대된다. 우리 사회에서도 과거 특정 지역 혹은 특정 학연이 특별한 대우를 받으며 다른 사람들에 비해 고위직으로 승진하는 사례가 많았다. 공공부문이나 금융권, 대기업 등 정부의 영향력이 강한 조직일수록 고위 정치인들과 지연이나 학연을 공유하는 사람들을 특별히 우대하기도 했었다. 하지만 사회 전반에 평등 의식이 확대되고 민주적 의식이 고양되면서 이러한 관행들은 점점 사라졌다.

(2) 내부환경

경력개발을 계획하고 실행함에 있어 조직 규모, 유형, 구성 등 조직의 특성이 영향을 줄 수 있다.

① 조직구조

조직구조의 개편은 구성원들에게는 기회를 의미한다. 첫째, 종업원들의 담당업무나 부서를 이동시키는 데 있어 조직구조에 관한 계획이 반영되어야 한다. 예를 들면 종업원 개인의 업무성과 평가 점수에 기반을 두어 개인의 경력개발 전략을 수립할 수 있다. 즉, 빠른 승진, 느린 승진, 타부서 전보, 특정 업무 전문가 등 업무평가 결과에 따라 다양한 경력 트랙이 제안될 수 있을 것이다. 이처럼 조직구조에 맞추어 필요한 인력 수요가 경력개발계획을 수립하는 데 고려되어야 할 뿐 아니라, 개인의 능력과 특성을 고려한 인원 배치와 경력개발이 이루어져야 한다.

둘째, 조직구조를 보상구조와 연결시킴으로써 종업원 개발의 성과를 얻어낼 수 있다. 특정한 직위에 대해 더 높은 급여 등급$^{pay\ level}$을 적용하면, 하위자에게는 강력한 동기부여 요인이 된다. 예를 들어 회계법인의 직위 구조도 일반 회계사들과 파트너로 구분되는데, 여기에다가 준 파트너$^{associate\ partner}$ 직위를 신설하여 일반 회계사에 비해 높은 급여와 성과급률을 적용하게 되면 파트너로 승진하기 위해 오랜 기간 기다려야 하는 일반 회계사들의 경력 욕구를 만족시켜 줄 수 있을 것이다.

또 다른 방법으로는 이중경력개발구조$^{dual\ ladder}$ 활용을 들 수 있다. 예를 들어 어떤 종업원은 상위의 관리자 직급으로 승진시켜 조직의 리더로서 역량을 발휘할 수 있도록 하고, 또 업무능력은 뛰어나지만 리더십이나 관리 역량을 크게 인정받지 못하는 종업원의 경우에는 해당 직무의 전문가로 성장할 수 있는 기회를 제공한다면 종업원 개인의 특성과 니즈를 반영하는 경력개발이 가능할 것이다. 특정한 업무에서의 최상위 직급에 도달하는 데 걸리는 시간이 조직 내 관리자로서의 최상위 직급에 도달하는 데 소요되는 시간보다 오래 걸리고 힘들면 대부분의 사람들은 조직관리자로서 승진하기를 선호한다. 이 경우 직무 전문가로서 성장하고자 경력을 쌓아온 사람들의 상대적 박탈감과 패배감이 커질 우려가 있다.

　② 조직문화와 핵심가치

　조직문화는 조직 구성원들이 추구하는 경력목표에 영향을 줄 수 있다. 히긴스Higgins, 2005는 문화가 집단 정체감sense of collective identity과 성과에 대한 압력에 영향을 미친다고 하였다. 예를 들어 도전정신과 위험을 감수하며 창의적 사고를 강조하는 문화에서는 구성원들 간에 기업가 정신을 공유할 가능성이 크고, 사내 기업가로서의 경력개발이 활성화 될 수 있다. 구글Google이나 네이버Naver 같은 기업이 이에 해당하는 조직의 사례이다. 조직 내부의 경쟁을 강조하는 조직에서는 동료들과의 경쟁에서 밀려 저성과자로 분류되면 극단적인 경우 직장을 떠나야 할 경우가 발생할 수도 있으므로 성과에 대한 압력이 그만큼 크다. 이러한 문화에서는 조직 내에서 다른 사람들 보다 더 좋은 실적을 내고, 더 빠른 승진을 위해 치열한 노력을 경주하게 된다.

　③ 구성원들의 경력 성향

　조직의 전략적 방향은 구성원들의 경력 성향과 조응해야 한다. Driver1979는 직선형, 전문가형, 나선형, 전이형의 네 가지 경력 성향을 제시한 바 있다.

　경력성장 유형은 종업원의 역량 및 성과 요인과도 관련이 있지만, 보다 거시적으로는 조직의 구조 및 전략과도 연관성을 갖는다. 예를 들어 직선형 경력 유형은 권력과 성취감을 기본 가치로 하여 업무성과의 상대적 우위를 추구한다. 이러한 경력 유형을 강조하는 조직에서는 성과를 달성한 구성원들에게 승진, 보너스 등의 보상이 주어진다. 반면 경쟁에서 뒤처진 구성원들에게는 감봉, 전보, 심지어는 해고 등의 불이익이 주어진다.

한편, 전이transitory형 경력 유형은 신규 사업을 활발히 추구하는 조직이나 사업을 축소하거나 철수하는 전략에 적합하다. 이러한 조직들은 기존의 사업구조나 제품, 고객을 더 이상 유지하지 않는다는 공통점을 가지고 있다. 따라서 기존에 추구하던 경력경로는 포기하고 새로운 분야에 걸맞은 경력으로 재빠르게 모드를 전환해야 할 필요가 있다. 이처럼 조직에서 추구하는 경력경로나 구성원 개인들에게 주어지는 경력 상의 기회는 조직의 사업전략 혹은 조직전략에 기반하는 경향을 보인다.

2) 경력개발 전략의 목표와 고려사항

앞에서 서술했던 환경적 요인을 고려하여 조직에서는 경력개발 전략의 목표를 분명하게 정의할 필요가 있다. 일반적인 경력개발의 목표는 다음과 같다.

- 개인의 경력개발 지원
- 리더십 승계 계획 수립
- 조직 내 인재를 발굴하고 이들을 조직 목표에 맞게 성장시킴
- 종업원 역량 강화
- M&A 등 조직 구조적 변동의 사후 관리
- 핵심 인재 확보

성공적인 경력개발은 인사부서나 교육훈련 부서만의 책임은 아니다. 조직의 모든 구성원들과 모든 이해관계자들이 관심을 가지고 참여할 때 소기의 성과를 얻을 수 있다.

(1) 최고 경영진의 참여

구성원들의 경력개발이 조직 차원에서 전략적으로 실행되고 있음을
나타내는 척도는 최고 경영진의 참여이다. 최고 경영자는 조직 전략의
최고 의사결정권자로서 조직전략 계획의 방향을 제시하는 역할을 수행하
며, 이와 함께 조직의 인적자원에 대한 개발계획에 대한 최종적인 책임
을 진다.

조직에 적합한 인적자원을 개발하는 것은 교육훈련 부서의 책임만은
아니다. 물론 교육훈련 부서에서 HRD 실행에 따르는 절차적인 역할을
수행하는 것은 사실이다. 하지만 HRD 전략을 수립하고 결정하는 역할은
최고 경영진에게 있다. 종업원 교육훈련이 성공적으로 수행되고 있다고
평가되는 조직일수록 최고 경영진이 HRD에 관심을 갖고 직접적으로 개
입하는 경향이 강하다.

(2) 관리, 운영상의 이슈들

최고 경영진의 관심과 참여에 더불어 중간 관리층과 실무 레벨에서의
적극적인 지원도 중요하다. 이 때문에 조직에서는 중간 관리자들을 제대
로 훈련시키고, 종업원들의 훈련을 관리자들의 보상과 연결하려는 노력
이 필요하다. 효과적인 경력개발을 위해서는 관리자들에게도 보상이 주
어져야 한다. 부하직원들의 경력개발 지원은 관리자의 중요한 역할 중
하나로 인식될 필요가 있다. 성공적인 경력개발이 관리자에 대한 보상이나
승진 등과 연계되어야 이들이 보다 관심을 갖고 참여할 유인을 느낄 것
이다.

최고 경영층이 관심을 갖는다 해도 실행단계에서 조직 전략과 경력개
발 간의 연계성이 확보되지 않는 이유는 종업원 경력개발의 성공 여부가
관리자들의 성과 목표화 되지 않기 때문이다. 전략이란 최고 경영자들만
이 관심을 가져서는 결코 성공할 수 없다. 최고 경영자나 중간 관리자는

물론 말단 운영 레벨operational level에서도 조직이 추구하는 전략의 성공에 기여하도록 노력해야 한다. 잘 정의된 전략은 각 개인이 해야 할 역할과 목표를 분명하게 제시해 주는 전략이다. 최고 경영진은 전략을 조직에서 실현 가능한actionable 형태로 제시해야 하고, 중간 관리자들은 이를 수용하여 자신의 목표로 삼고 다시 운영 레벨에서 달성해야 할 목표로 제시한다. 이렇게 전략적 목표가 조직 전체에 전달되면서 각 조직 구성원들은 전략의 실행을 위해 자신이 무엇을 해야 하는지 알게 된다. 이는 반대로 말하자면, 조직 구성원 각자의 목표와 임무를 모두 모으면, 최고 경영진에서 수립했던 조직 전체의 전략 목표가 그려질 수 있다는 의미이기도 하다. 이러한 전략 수립과 집행 절차는 종업원 역량 및 경력개발에 대한 관리자들의 무관심 혹은 저항에 대한 효과적인 대응을 가능하게 한다.

조직에서 종업원 경력개발에 관심을 가질 때, 얻을 수 있는 이점은 다음과 같다. 첫째, 상위 관리자들의 전략목표가 부하직원들의 개발 목표와 연결되어 있으므로 이들의 역량 혹은 경력개발 목표를 달성했을 때, 그 혜택은 종업원 본인뿐 아니라, 상위 직급의 관리자, 더 나아가서는 조직 전체에 긍정적인 영향을 미친다. 특히 관리자의 핵심성과지표key performance indicator와 연동되어 승진이나 보상에서의 인센티브를 받을 수도 있기 때문에 자연스럽게 종업원 역량, 경력개발에 관심을 기울이게 된다.

둘째, 종업원들이 마음 놓고 자기개발에 시간과 에너지를 투입할 수 있는 분위기를 조성할 수 있다. 대부분의 경우 자기개발은 업무와 분리된 것으로 여기는 경향이 있다. 즉, 업무시간 외에 별도로 해야 하는 것이라는 인식이 조직 내에 팽배해 있다면, 종업원들이 마음 놓고 업무시간에 자기개발 활동을 할 수 없을 것이다. 하지만 경력개발이 조직전략의 일환으로 자리 잡고 각 관리자들의 성과와도 연동된다면, 종업원들의 역량, 경력개발은 업무 외에 해야 하는 부수적인 활동이 아니라 업무의 중요한 일부분으로 간주될 것이다. 이러한 조직의 분위기는 조직의 각 구성원들이 자신의 역량, 경력개발에 시간과 노력을 보다 자유롭게 투입할 수 있는 기반이 된다.

셋째, 최고 경영진으로부터 중간, 혹은 현장 관리자에 이르기까지 자기 자신뿐 아니라 부하직원들의 경력개발에 보다 많은 관심을 갖게 된다. 특히 최고 경영진의 경우 중간 관리자급의 경력개발이 조직의 생존과 직결된다는 점을 인식하고 있기 때문에, 이들 중간 관리자들을 전략적 자산으로 성장시킬 방법을 끊임없이 고민하게 된다. 이러한 고민을 구체화시키는 것이 승계 계획succession plan이다.

경력개발은 개인적 차원뿐만 아니라 조직 전체의 관심사가 되어야 성공할 수 있다. 조직의 경력개발에 대한 의지와 노력을 개인의 선택에만 맡겨서는 안 된다. 전략적 중요성이 인식된 경력개발 노력은 시스템과 제도로서 조직 내에 수용되어야 할 필요가 있다. 교육과 훈련, 직무 할당이나 직위 부여 등 개인의 경력개발과 관련한 모든 결정들은 자의에 의해서가 아니라 사전에 정의된 업적과 성과, 역량에 관한 평가 기준에 의해 이루어져야 할 것이다.

이처럼 조직 전반에 걸쳐 경력개발을 지원하기 위한 시스템을 갖추어야 할 필요성과 아울러 조직의 경력개발 지원 역량 향상을 위한 관심과 노력이 수반되어야 한다. HRD가 조직 전반의 중요한 전략으로 자리 잡은 기업들은 자체 연수원과 체계적 훈련 프로그램에 투자를 아끼지 않는다. 그러나 하드웨어적 투자나 교육훈련 시스템을 갖추는 것만으로는 부족하다. 결국 종업원 개인을 가장 가까운 거리에서 관찰하고, 개인의 요구를 누구보다도 세세하게 파악하고 있으며, 이들의 능력을 업무에 활용할 방법을 고민하는 사람은 현장 및 중간 관리자들이다. 이들은 종업원 경력개발에 가장 직접적이고 큰 영향력을 갖는다.

(3) 종업원 역량

현재 보유하고 있는 종업원의 역량은 미래의 경력 계획 수립에 기초적인 역할을 한다. 경력개발은 일차적으로 조직전략과 시스템에 의해 이루어지지만 결국 그 대상은 현재 조직이 보유하고 있는 종업원 개인이기 때문에 그들이 현재 어떠한 역량을 가지고 있는지, 또 향후 훈련이나 교육을 통해서 확보할 수 있는 역량은 어떤 것들인지 파악하고 있어야 한다[Gilley et al, 2002]. 특히 성공적인 승계 계획 수립을 위해서는 기존 직원들에 대한 지속적인 역량평가가 반드시 선행되어야 한다. 현재의 보유 역량과 향후 개발이 가능한 역량에 대한 평가 없이 조직의 필요에 의해 무리한 경력개발이 추진된다면 자칫 종업원들에게 압박감과 피로감만을 줄 수 있고 정작 조직에서 원하는 소기의 목적 달성에는 실패할 가능성이 높다.

(4) 조직적 경험

과거에 시행되었던 경력개발 경험 역시 조직에서 중요하게 고려해야 할 요소다. 과거 경력개발은 조직 내에서 어떻게 인식돼 왔는가? 외부환경 변화에 맞추어 경력개발 제도와 시스템을 보완, 발전시켜 왔는가? 물론 과거의 관행을 무조건 따르는 것은 피해야겠지만 그동안 실행해왔던 과거의 경험들은 구성원들에게 어느 정도 예측이 가능한 정보를 제공해 준다. 따라서 경력개발 제도와 시스템의 변화를 시도함에 있어서도 가급적 종업원들이 혼란에 빠지지 않도록 단계적으로 변화를 추진하는 것이 바람직하다.

05 전략적 경력개발 모델의 실행과 성과

1) 경력개발 프로그램의 실행

경력개발 전략은 조직의 시스템과 프로그램을 통해 실행된다. 시스템과 프로그램은 전략이 구현되는 핵심적 도구이다. 여기에는 조직의 지원 메커니즘과 종업원 개인의 특성도 고려되어야 한다.

　경력개발 목표의 실현을 위해 많이 활용되는 프로그램들은 <표 3>에 제시되어 있다.

　이렇게 다양한 경력개발 프로그램은 크게 조직 전략적 프로그램과 개인 개발 프로그램의 두 가지 범주로 구분될 수 있다.

　조직 전략적 프로그램은 조직이 추구하는 전략적 방향과 목적 성취에 초점을 맞춘 프로그램으로서 승계 계획, 승진 경로, 전직지원, 훈련 등이 여기에 포함된다. 개인 개발 프로그램은 개인의 경력 목표 실현이 강조되며, 코칭, 멘토링, 교육지원 등이 이에 해당된다. 이 두 가지 종류의 프로그램 모두 조직 내부 혹은 외부에서 제공될 수 있으며, 또 한편으로는 공식적 혹은 비공식적 방식으로 실행된다.

　조직 전략적 프로그램은 많은 경우 조직 내부에서 제공되는 것이 일반적이다. 내용적으로 조직 특수적$^{firm-specific}$인 성격이 강하기 때문이다. 제공 대상도 개인을 대상으로 하기보다는 특정 그룹을 선택하는 경우가 많다. 반면, 개인 개발 프로그램의 경우에는 비공식적이며 외부 의존성의 정도가 상대적으로 높다. 조직의 입장에서 모든 개인을 1:1로 상대하기에는 비용 부담이 크고, 조직에 미치는 영향도 조직 전략적 프로그램에 비해서는 작기 때문이다.

　이 두 가지 종류의 경력개발 프로그램은 상호 배타적이기보다는 보완적이고 협력적인 관계를 유지하는 것이 이상적이다. 예를 들어, 조직 차원에서 수립한 승계 계획은 코칭이나 멘토링과 같은 개인 개발 프로그램으로 뒷받침되어야만 성공을 담보할 수 있다. 승계 계획에 따른 리더십의 수행을 위해서는 그에 적합한 개인의 능력 개발이 뒤따라야 하기 때문이다.

　조직에 적합한 프로그램의 선택은 조직의 전략이나 문화와 깊은 관계가 있다. 조직은 자신의 전략 수행에 적합한 경력개발 시스템을 구축할 필요가 있고, 이러한 시스템은 조직문화나 조직 구성원들의 가치체계와

적합하게 개발되어야 하며, 독립적이고 개별적으로 개발되기보다는 일관
되고 통합적인 시스템으로 구축되어야 한다. 잘 계획되고 효과적으로 실
행되는 경력개발 프로그램은 조직 목표와 전략의 성공에 이바지할 뿐 아
니라 종업원 만족과 조직 몰입, 종업원 참여를 증진시키고 개인 경력의
성공과 같은 효과를 얻을 수 있다.

표 3 경력개발 프로그램 예시

프로그램	대표문헌	정 의
경력상담 (career counseling)	Zunker(2015)	1 : 1 방식을 통해 직업 혹은 직무와 관련한 개인의 성장과 발전을 돕는 경력개발의 방법
교육지원(수업료 지원) (tuition reimbursement)	Pattie, Benson, & Baruch(2006)	야간 대학이나 대학원 등 직원의 계속 교육을 고용주의 비용으로 지원하는 제도
경력경로 설계 (career path)	Holzle(2010)	개인이 경력을 쌓아가며 경험하게 될 직무의 배열. 조직 내에서 경험하게 될 경력기회에 대한 정보를 제공해 주는 것을 의미함
직무순환 (job rotation)	Campion, Cheraskin, & Stevens(1994)	조직 내의 직무 간 수평적 이동
승계계획 (succession planning)	Rothwell(2001)	조직의 주요 직위의 승계와 핵심인력의 경력개발에 대한 효과적 운용계획
멘토링 (mentoring)	Kram(1985)	경험이 많은 사람이 지도와 조언을 통해 후배나 하급자의 실력과 잠재력을 향상시키는 활동
전직지원 (outplacement)	Brammer & Humberger(1984)	퇴직예정자를 대상으로 그들이 원하는 목표를 효과적으로 신속하게 달성할 수 있도록 사업주의 지원 하에 제공되는 제반서비스
평가센터	Thornton &	실제 업무역량을 살펴볼 수 있는 다

(assessment center)	Byham(1982)	양한 과제들을 통해 피평가자의 행동을 평가하는 역량평가 방식
교육훈련 (training & development)	Noe(2002)	조직 내에서 필요한 지식을 가르치거나 기술을 습득시키기 위해 실시하는 교육적 활동
성과평가 (performance appraisal)	Murphy & Cleveland(1991)	개인이나 집단의 업무수행 결과를 객관적인 지표를 통해 측정, 평가하고 이를 피드백시킴으로써 수행결과가 조직에 어떻게 기여했는지 인지시키는 과정
해외파견 (expatriate)	Brewster(1995)	글로벌 기업에서 해외의 사업장에 국내 직원을 파견하는 것
액션러닝 (action learning)	Marquardt(1999)	실질적인 문제를 해결하는 과정에서 습득한 학습에 초점을 맞추는 집단의 시스템적 노력
문제기반학습 (problem-based learning)	Savery & Duffy (1995)	실제적인 문제를 해결하는 과정에서 학습이 이루어지는 학습자 중심의 학습방법
신입사원연수 (onboarding)	Bauer & Erdogan(2011)	신입사원이 빠르고 순조롭게 직무에 적응할 수 있도록 지원하는 프로세스

2) 조직차원의 지원

종업원 경력개발의 지원을 위해 조직은 다양한 지원 제도를 구축해야 할 필요가 있다. 조직은 우선적으로 각 개인들이 자신의 경력을 개발하는 데 있어 직면하는 문제가 무엇인지 파악해야 한다. 경력개발과정에서 직면하는 장벽에는 개인의 성별, 연령, 인종 등 천부적인 특성에 기인하는 문제나 동기부여, 역량, 기타 심리적, 신체적 특성 등 개인적인 특성에 기인하는 장벽이 대표적이다. 또한 조직의 문화적, 구조적 특성에서 기인하는 문제도 경력개발과정에서 극복해야 할 과제이다. 경력개발 담당자들은 이처럼 다양한 요인에서 발생하는 문제들에 대한 해법을 고민해 보아야 한다. 예를 들어 어떤 특정 직무에서 종업원들이 낮은 만족도 혹은, 높은 이탈율을 보일 경우 이러한 현상이 나타나는 원인을 파악하고, 그 원인을 제거하거나 완화할 수 있는 방안을 찾아야 한다. 조직에서 추구하는 경력개발의 성과가 저조할 경우에는 단순한 교육, 훈련 프로그램 외에 직원들의 참여를 높일 다양한 방법을 강구해야 한다. McDonald와 Hite[2015]은 다음과 같은 다섯 가지 조직 지원 메커니즘을 제안한다.

(1) 정책과 보상 구조

조직의 정책과 보상 제도는 종업원들이 경력개발 활동에 보다 능동적으로 참여하고, 참여 장벽을 낮추는 데 도움을 준다. 연공서열 방식의 보상 구조는 종업원들이 조직에 오래 머물게 하는데 유용하고, 성과에 근거한 보상체계는 현재 수행하고 있는 업무의 성과를 높이는데 유리하다. 또한 주식이나 지분 등 소유권을 보상과 연계시키는 제도는 스타트업이나 벤처기업에서 많이 활용되고 있는 것에서 볼 수 있듯이 종업원들로 하여금 새로운 사업 아이디어를 내도록 촉진시키는 효과가 있다.

(2) 일-가정의 균형(work-life balance)

일-가정 균형정책은 특히 여성이 경력개발 시 경험하는 유리천장과 같은 어려움을 완화시킬 목적으로 강조되어 왔으나, 최근 양성평등에 관한 인식이 높아짐에 따라 남성에게도 중요하게 여겨지는 조직의 지원 정책이다. 점점 더 많은 조직에서 유연한 근태 제도나 근무형태를 신설하고, 부양가족에 대한 혜택을 제공함으로써, 가정의 문제로 인해 자신의 경력을 중단하지 않도록 애쓰고 있다.

(3) 배려적 업무환경(inclusive work environment)

장애인이나 성소수자들은 경력개발 상의 어려움을 일반인들보다 더 크게 느끼고 있다. 사회, 문화적, 조직적 규범, 관습, 편견과 고정관념 등으로 인해 사회적 소수자들은 배제되고 소외되는 경우가 많다. 조직은 이들에게도 기회를 제공하고 그들의 능력을 조직의 역량으로 전환시킬 수 있도록 배려적 업무환경을 구축해야 할 필요가 있다.

(4) 현장 관리자들의 지원(supervisory support)

종업원 경력관리에 대해 현장 관리자들의 역할도 간과할 수 없다. 이들이 종업원 경력관리에 협조하지 않으면 경력관리의 성공 가능성은 매우 낮아진다. 왜냐하면 그들은 종업원들을 가장 가까운 거리에서 관찰하고, 평가하며, 성과에 대한 가장 직접적인 피드백을 주는 사람들이기 때문이다. 관리자들은 직원의 경력개발을 위해 코치나 카운슬러의 역할을 수행할 수 있어야 한다. 따라서 관리자들을 대상으로 한 코칭이나 상담 프로그램을 제공하는 것이 바람직하다. 또한 이들이 성공적으로 종업원의 경력개발을 지원하는 데 대한 보상 방안도 마련되어야 한다. 이러한 지원 방안이 마련되지 않으면 현장 관리자들이 종업원 경력개발에 비협조적이거나 소극적일 가능성이 높다.

(5) 지속적인 학습문화

앞에서 언급한 조직 차원의 여러 가지 지원정책과 제도들은 학습 지향적인 조직문화가 형성되었을 때 더욱 실효성이 있다. 학습하는 문화가 형성되어 있지 않고 지식공유에 소극적이라면, 조직 개발을 위한 프로그램들은 형해화 될 가능성이 높다. 최근 공식적인 교육훈련보다 업무 현장에서 비공식적으로 행해지는 무형식 학습의 중요성이 더 크다는 주장들이[이찬, 2017] 제기되고 있는 것을 고려한다면 종업원들의 역량개발이나 경력개발에 학습문화가 매우 중요한 역할을 담당한다는 것을 알 수 있다. 조직에서의 무형식 학습을 강조했던 Marsick과 Watkins[1999]가 제시하는 조직학습문화의 요소들은 다음과 같다.

1. 지속적인 학습기회 창출
2. 질문과 대화촉진
3. 협력과 팀 학습 장려
4. 학습 공유 시스템 구축
5. 집단의 목표 공유
6. 환경－조직 간의 조응
7. 학습을 위한 전략적 리더십

3) 개인 특성의 영향

조직의 경력개발 프로그램이나 지원 제도의 성공은 참여하는 개인의 동기부여 정도와 적극적인 참여 여부가 크게 작용한다. 효과적인 전략적 경력개발 프로세스는 이해당사자들 간의 협업 프로세스이므로 종업원 개인의 특성을 포함시켜야 한다.

개인 심리특성을 반영하는 Big 5 연구결과에 따르면, 외향성extraversion, 성실성conscientiousness과 같은 개인의 성격 특성은 경력개발의 성공과 긍정적인 관계, 신경증neuroticism은 부정적 관계에 있는 것으로 나타나 있다Maurer & Chapman, 2013.

경력개발에 영향을 주는 개인적 특성의 대부분은 조직의 지원 정도에 따라 바뀔 수 있는 것들이다. 대표적인 것이 자기관리능력이다. 자기관리능력이란 개인이 자신의 경력을 스스로 통제하고 자립하며, 경력과 관련한 의사결정을 내리며 계획하는 능력을 의미한다. 자기관리능력이 높은 사람은 경력 성공에 대한 인식도 높다. 조직에서는 이러한 사람들을 찾아내서 경력개발 프로그램을 제공할 가능성이 높다. 또 높은 자기관리능력은 비단 경력개발뿐 아니라 여타의 업무에서도 더 좋은 성과를 달성하는 데 도움이 된다. 경력개발에 영향을 미치는 두 번째 개인적 특징은 회복성과 적응력이다. 회복성career resiliency이란 상황이 낙담할만하거나 어렵더라도 변화에 적응하는 능력을 의미한다Landon, 1997. 다시 말하면 자신의 직업에 대한 수요가 감소하고 업무성과가 하락한다든지, 수입이 감소하는 등 자신의 경력과 관련한 어려움이 닥쳤을 때 이를 극복할 수 있는 자신감과 의지를 의미하는 개념이다. 회복성은 개인적 특성과 연관되는데, 끈기가 있고, 의지가 강하며, 목표 지향적이고 내부 통제력이 강한 사람일수록 경력 회복성이 높다고 말할 수 있다. 회복성이 높은 사람들은 자신이 목표를 성취할 수 있다는 긍정적인 마인드를 가지고 있으며 스스로 외부에서 벌어지는 일들을 통제할 수 있다고 믿는다. 또 설혹 부정적인 피드백을 받는다 해도 낙담하기보다는 부정적 피드백의 원인을 찾아 해소하는 데 관심을 둔다.

회복성은 개발 가능하다. 예를 들어 멘토링이나 경력 상담 등을 통해 자아인식self-awareness을 높이고, 새로운 기술과 지식 습득을 위한 동기를 부여해준다면 회복성은 증진될 수 있다. 이는 종업원 스스로 자신의 업무성과와 관심사, 직무의 미래 전망 등을 보다 객관적으로 평가할 수 있는 시스템이 동반되었을 때 더욱 효과가 크다.

적응력adaptability도 이와 유사한 개념이다. 이는 업무와 역할의 변화로 인한 예측할 수 없는 미래에 대해서 미리 준비하고 실제로 어떠한 상황이 벌어졌을 때 안정적으로 대응할 수 있는 능력을 의미한다. 회복력과 적응력 모두 경력과 관련한 부정적 변화에 대응하는 능력이라는 측면에서 유사한 개념이라고 할 수 있겠으나, 적응력은 좀 더 적극적이고 사전적으로 준비한다는 측면에서 회복성과 차별화된다. 적응력 역시 조직 차원의 지원을 통해 개발될 수 있는 특성이며 실제로 많은 조직에서 경력 적응력 훈련을 통해 종업원들의 전직이나 재취업에 효과를 얻고 있다.

4) 전략적 경력개발의 성과

전략적 경력개발은 그것이 창출하는 결과물과 성과를 통해 평가 받는다. 경력개발 전략의 실행 역시 다른 경영활동과 마찬가지로 계획^{plan}→실행^{do}→평가^{see}→피드백^{feedback}의 절차가 적용된다. 따라서 경력개발의 실행에 따른 평가 프로세스의 확립에도 관심을 기울여야 한다^{Goffredson,} ^{2005}. 평가를 위해서는 실행 결과에 대한 올바른 측정이 중요하다. 측정과 평가의 주안점은 경력개발 계획 때 수립되었던 목표가 제대로 달성되었는가^{효과성}와 실행단계에서 적정한 수준의 자원이 투입되었는가^{효율성}에 두어진다. 조직과 직원 모두 경력개발에 함께 참여했다면, 그 결과에 대한 책임도 공동으로 져야 한다. 따라서 경력개발의 결과는 개인 수준과 조직 수준에서 모두 측정되고 평가될 필요가 있다.

경력개발 전략 계획에 모든 구성원들의 참여와 인풋이 필요했던 것처럼 평가와 피드백에도 모든 구성원들의 참여가 있어야 한다$^{Rothwell\ et\ al,}$ ^{2005}. 평가 방식도 효율성만 앞세운 양적 평가 위주로만 하기보다는 정성, 정량 방식의 평가를 균형 있게 활용하는 것이 좋다. 덧붙여 조직의 경력개발 지원 메커니즘의 효과성과 효율성도 평가의 대상이다. 경력개발의 목적을 제대로 달성하지 못했다면 그것이 잘못된 계획에 기인한 것인지, 구성원의 노력 부족인지, 아니면 조직 차원의 자원이 부족했던 것인지 냉정하게 판단해야 할 필요가 있다.

전략적 경력개발은 조직과 종업원 양자 모두에게 이익이 되는 결과를 창출해야 한다. 여기서 말하는 성과는 양적, 질적인 성과를 모두 포함한다. 개인적 차원에서 연봉이나 승진, 조직 내 지위 등은 객관적이고 정량적인 성과 지표라 할 수 있으며, 만족감, 가족 구성원의 행복, 유연성과 자율성 등은 주관적이고 정성적인 성과라고 말할 수 있다. 외부적인 평가는 객관적 정량지표를 중시하겠으나, 개인에 따라서는 정성적 측면에 더 무게 중심을 두기도 한다. 또한 이 두 가지 종류의 성과는 상호 배타적이라기보다는 상호 보완적이거나 긴밀한 연관성을 보여주기도 한다. 예를 들어 높은 연봉과 직위는 만족감 등 주관적인 경력 성공에 영향을 미친다. 조직의 지원 제도나 정책도 경력개발 성과의 변수이다. 지속적인 훈련기회의 제공은 종업원 개인의 역량을 향상시킴으로써 성공적인 경력 개발을 가능하게 한다. 개인의 특성 변수를 언급하였던 종업원 자기관리나 회복성, 경력 적응력은 주로 주관적이고 정성적인 성과에 영향을 미친다.

경력개발은 각 개인에게 일차적인 영향을 미치지만, 조직에 주는 효과와 영향도 평가되어야 한다. 성공적인 경력개발은 조직이 원하는 역량을 확보하고 궁극적으로는 경쟁우위를 달성, 유지하는 데 기여해야 한다. 따라서 조직 차원에서의 성과 평가는 경력개발 프로그램을 통해 조직이 원하는 역량있는 인재들의 확보와 유지 여부, 그리고 경쟁우위를 달성했는가의 여부를 대상으로 한다.

종업원들은 조직에서 지원하는 경력개발 기회를 인식하고 그러한 기회가 자신의 계획 및 관심사와 부합한다면 조직을 결코 떠나지 않을 것이다. 조직의 입장에서는 핵심 인재들의 요구를 파악하여 그에 맞는 지원을 함으로써 조직으로부터의 이탈을 막을 수 있다. 인재들의 니즈에 부합하는 경력개발 시스템을 갖추기 위해서는 이들이 조직의 핵심 의사 결정자들과 함께 설계와 실행 과정에 적극적으로 참여할 기회를 부여받아야 한다. 조직에서 필요로 하는 역량을 갖춘 인재들의 이탈을 막고, 이들이 추구하는 경력의 실현을 지원함으로써 조직은 핵심 경쟁력을 확보할 수 있다. 이러한 핵심 인재들의 노력과 동기부여, 향상된 생산성을 통해 혼동과 변화의 시대에서 성공적으로 생존할 수 있는 경쟁우위의 원천이 만들어진다.

06 나가며

경력이란 개인의 생애에 있어 직업과 관련한 경험의 총체를 의미한다. 과거에는 경력개발이 개인의 이해와 관심사에 국한된 것으로 인식되었고, 조직 차원의 관심이 그리 크지 않았던 것이 사실이다. 하지만 최근 조직과 종업원 간의 장기적·심리적 계약psychological contract이 퇴색되고 평생직장의 신화가 깨짐에 따라, 종업원들은 조직의 외부에서 자신의 경력을 이어갈 기회를 찾게 되면서 조직의 경쟁우위 확보의 원천이 될 핵심 역량 확보가 그 어느 때보다 절실하고 긴박한 과제가 되었다강대석, 2007.

이 글은 이러한 환경에서 조직의 전략적 목표 달성에 부응할 수 있는 경력개발 전략이 필요하다는 인식하에 전략적 경력개발이라는 개념을 제시하고, 구체적인 실행모델을 제시하였다. 이 모델을 통해 강조 혹은 제안하고자 했던 내용은 다음과 같다.

첫째, 전략경영의 프레임을 활용하여, 조직의 경력개발 활동에 영향을 미치는 조직 내·외부의 환경적 요소 및 경력개발 활동이 추구해야 할 목표를 분명하게 설정할 것을 요청하였다.

둘째, 경력개발의 실천적 측면에 있어서는 조직 차원의 지원과 개인의 특성이 주는 영향을 고려해야 함을 강조하였다.

셋째, 궁극적으로 전략적 경력개발의 실행 결과는 조직의 전략적 이점을 확보하는 것이므로 이 점이 경력개발 활동의 결과를 평가하는데 고려되어야 한다는 점과, 이와 아울러 개인에게도 도움이 될 수 있는 결과가 창출되어야 한다는 점을 제안하였다.

오늘날의 조직은 조직 구성원들과의 상호 협력과 이들의 참여를 통해 현재와 미래에 필요로 하는 지식, 기술 등의 역량을 확보, 강화해야 할 절박한 요구를 갖는다. 전략적 경력개발은 조직과 개인의 이해를 조화시키는 전사적인 차원의 활동이다. 여타의 전략적 이니셔티브와 마찬가지로 전략적 경력관리 역시 최고경영자의 의지와 전 구성원들의 참여가 성패의 열쇠이다. 조직성과에 대한 인적자원개발의 기여도를 확인시키라는 요구가 커지고 있는 상황에서, 조직이 지원하고 투자하는 종업원 경력개발 노력 역시 조직이 추구하는 목표, 전략, 성과 창출에 도움이 된다는 분명한 증거가 필요하다. 이 글에서 제안한 전략적 경력개발 모델은 그러한 요구에 대응하기 위한 하나의 노력으로서 의미가 있다.

참고문헌

강대석(2007). 인적자원개발: 원리와 적용. 한경사.

이찬(2017). Knowing 보다 Sharing과 Doing, 교실 밖 경험과 실천이 인재 만
든다. *동아비즈니스 리뷰 237*, 44−51.

Arthur, M. B., Hall, D. T., & Lawrence, B. S. (1989). Generating new
directions in career theory: The case for a transdisciplinary approach. In
M. B. Arthur, D. T. Hall, & B. S. Lawrence (Eds.), *Handbook of career
theory* (pp. 7−25). Cambridge: Cambridge University Press.

Arthur, M. B., & Rousseau, D. M. (1996). *The boundaryless career: A new
employment principle for a new organizational era.* New York: Oxford
University Press.

Baruch, Y. (2006). Career development in organizations and beyond:
Balancing traditional and contemporary viewpoints. *Human Resource
Management Review, 16*(2), 125−138.

Bauer T. N., & Erdogan, B. (2011). Organizational socialization: The
effective onboarding of new employees. In S. Zedeck et al. (Eds.), *APA
Handbook of I/O Psychology III (pp. 51−64).* Washington, DC: APA.

Brammer, L. M., & Humberger, F. E. (1984). *Outplacement and
implacement counseling.* Englewood Cliffs, N.J.: Prentice−Hall.

Brewster, C. (1995). Effective expatriate training. In J. Selmer (Ed.),
*Expatriate management: New ideas for international business (pp.
57−71).* Westport, CT: Quorem.

Briscoe, J. P. & Hall, D. T. (2006). The interplay of boundaryless and protean careers: Combinations and implications. *Journal of Vocational Behavior, 69,* 4-18.

Campion, M. A., Cheraskin, L., & Stevens, M. J. (1994). Career-related antecedents and outcomes of job rotation. *Academy of Management Journal, 37*(6), 1518-1542.

Driver, M. J. (1979). Career concept and career management in organizations. In C. J. Cooper (Ed.), *Behavioral problems in organizations.* Englewood Cliffs, NJ: Prentice-Hall.

Edwards, R. (1979). *Contested terrain: The transformation of the work place in the twentieth century.* New York: Basic Books.

Gilley, J. W., Eggland, S. A., & Gilley, A. M. (2002). *Principles of human resource development.* Cambridge: Perseus Books.

Guest, D., & Rodrigues, R. (2012), "Can the organizational career survive: an evaluation within a social exchange perspective", In L. Shore, J. Coyle-Shapiro, & L. Tetrick (Eds.), *The employee-organization relationship (pp. 193-222).* NewYork, NY: Routledge.

Higgins, M. (2005). *Career imprints: Creating leaders across an industry.* San Francisco, CA: Jossey-Bass.

Hölzle, K. (2010). Designing and implementing a career path for project managers. *International Journal of Project Management, 28*(8), 779-786.

Kaplan, R. S., & Norton, D. P. (1996). Strategic learning and the balanced scorecard. *Strategy & Leadership, 24*(5), 18-24.

Kram, K. E. (1985). *Mentoring at work: Developmental relationships in organizational life.* Glenview, IL: Scott, Foresman.

London, M. (1997). Overcoming career barriers: A model of cognitive and emotional processes for realistic appraisal and constructive coping. *Journal of Career Development, 24*(1), 25-38.

Marquardt, M. J. (1999). *Action learning in action.* Palo Alto, CA: Davies Black.

Marsick, V. J., & Watkins, K. (1990). *Informal and incidental learning in the workplace.* London: Routledge.

Maurer, T. J., & Chapman, E. F. (2013). Ten years of career success in relation to individual and situational variables from the employee development literature. *Journal of Vocational Behavior, 83*(3), 450−465.

McDonald, K. S., & Hite, L. M. (2005). Reviving the relevance of career development in human resource development. *Human Resource Development Review, 4*(4), 418−439.

Murphy, K. R., & Cleveland, J. N. (1991). *Performance appraisal: An organizational perspective.* Boston: Allyn and Bacon.

Noe, R. A. (2009). *Employee training and development (5th ed).* Boston, MA: McGraw−Hill.

Pattie, M., Benson, G. S., & Baruch, Y. (2006). Tuition reimbursement, perceived organizational support, and turnover intention among graduate business school students. *Human Resource Development Quarterly, 17*(4), 423−442.

Purda−Nicoară, L. A. (2011). The role of the individual and the organization in career development. *Economy and Management, 13,* 591−595.

Rothwell, W. J. (2001). *Effective succession planning.* New York: American Management Association.

Robinson, D. G. & Robinson, J. C. (2005). *Strategic business partner.* San Francisco, CA: Berrett−Koehler.

Savery, J. R., & Duffy, T. M. (1995). Problem based learning: An instructional model and its constructivist framework. *Educational Technology, 35*(5), 31−38.

Schuler, R. S., & Jackson, S. E. (1987). Linking competitive strategies with human resource management practices. *The Academy of Management Executive, 1*(3), 207−219.

Simonsen, P. (1997). *Promoting a development culture in your organization.*

Palo Alto, CA: Davies−Black.

Thorton, G. C., & Byham, W. C. (1982). *Assessment centers and managerial performance.* San Diego, CA: Academic Press.

Tichy, N. M., Fombrun, C. J., & Devanna, M. A. (1982). Strategic human resource management. *Sloan Management Review, 23*(2), 47−61.

Zunker, V. G. (2015). *Career counseling: A holistic approach (9th ed.).* New York: Brooks Cole.

02

CAREER
DEVELOPMENT

경력개발 관련 국내 연구 동향

: 프로티언 경력 태도를 중심으로

김대영[1] / 이민영[2]

SUMMARY

이 글은 2000년대 이후 국내외에서 활발히 연구되고 있는 프로티언 경력의 개요에 대해 살펴보고, 프로티언 경력 태도와 관련된 국내 연구 결과들을 검토하여 향후 관련 연구를 위한 시사점을 제언하고자 하였다. 프로티언 경력은 전통적 경력과 달리 개인의 책임, 심리적 성공, 그리고 지속적 학습을 강조한다. 프로티언 경력에 관한 국내 다수의 연구들은 Briscoe와 Hall(2002), Briscoe, Hall과 DeMuth(2006)에 의해 개발된 프로티언 경력 태도 측정 도구(protean career attitude scale)를 이용한 양적 연구로 이루어지고 있다. 재직근로자뿐만 아니라 군인, 교사, 평생교육기관 종사자, 사회복지사, 운동선수, 장애인 등 다양한 대상의 연구가 이루어졌으며, 프로티언 경력 태도를 주로 독립 변수로 설정하고 있었다. 이러한 국내 연구들의 결과를 비교, 분석하여 다음과 같은 시사점 또는 후속 연구를 위한 제언을 제시하였다. 첫째, 프로티언 경력 태도의 하위 요인인 자기주도적 경력 관리와 가치 지향성의 관계에 대한 연구가 추가적으로 필요하다. 둘째, 프로티언 경력 태도와 주관적 경력 성공의 관계를 보다 면밀히 확인할 수 있는 종단 연구 설계를 고려해야 한다. 셋째, 프로티언 경력 태도와 조직 효과성의 관계에 대해 다양한 변인, 다양한 문화, 다양한 배경에서의 연구가 필요하다. 넷째, 프로티언 경력 태도 개발을 위한 개발 지원 관계 관련 연구들이 활발히 이루어질 필요가 있다. 다섯째, 프로티언 경력 태도와 무경계 경력 태도의 관계 및 이들의 영향력 비교를 위한 연구의 활성화가 필요하다. 여섯째, 프로티언 경력 태도 개발을 위한 조직, 사회적 차원의 구체적 개입 활동을 도출하는 연구들이 이루어져야 한다.

---

1 한국직업능력개발원 부연구위원(hrdkdy@krivet.re.kr).
2 대웅경영개발원 교육팀 차장(hrd21c@naver.com).

KEY WORD   경력개발, 프로티언 경력, 자기주도적 경력 관리, 가치 지향성

01 서론

세계화, 지식과 정보의 폭발적 증대, 테크놀로지의 급속한 발전, 조직 구조의 변화, 고용 관계의 변화 등 사회·경제적 변화는 현대인들의 경력을 인식하는 관점에 영향을 미친다. 이는 Erikson의 생애 단계, Levinson의 성인 발달 단계, Greenhaus 등의 5단계 경력 발달 모형 등 전통적인 생애 및 경력 발달 단계 모형에 대한 재검토를 요구한다. 현대적 경력 발달은 급변하고 불확실성이 높은 환경에서 현대인들이 유연하게 적응할 수 있는 능력을 갖추는 것을 강조하기 때문이다[배을규, 2009].

조직, 직업, 직무 간 이동이 증대되고, 전통적인 위계적 조직 구조에도 변화가 일어 일터 업무의 성격이 더욱 전문화되며, 일과 삶의 균형의 중요성이 강조됨에 따라 경력에 대한 정의, 경력개발에 대한 관점에도 변화가 있어 왔다. 그 결과, 초기 경력에 관한 연구들은 전문적 직업을 가진 자들에게 초점을 두거나 직업 선택 전, 후의 활동에 대해 다루었지만 현대에는 경력을 '한 개인이 일생에 걸쳐 일과 관련하여 얻게 되는 총체적 경험'이라는 더욱 확장된 개념으로 인식하고 보다 광범위한 연구 주제, 대상을 다루게 되었다[Greenhaus, Callanan, & Godshalk, 2000]. 그리고 경력개발의 패러다임에서도 관료제적 조직, 직무에 대한 객관적 보상, 몰입과 안정성, 수직 이동 등이 아닌 네트워크 조직, 개인의 주관적 성취감, 유연한 고용 관계, 자기 관리 중심의 수평적 이동에 관심을 두는 것으로 변모하게 되었다[Nicholson, 1996].

Hall[1976]은 이러한 변화에 발맞추어 개인의 생물학적 연령, 한 조직 내에서의 경력에 초점을 둔 기존 논의의 틀을 탈피한 새로운 개념으로 프로티언 경력protean career을 제안하였다.[3] 새로운 경력new career[4]의 하나로 프로티언 경력 개념이 제안된 지 벌써 40여 년이 지났다. 프로티언 경력에 관한 초기 연구들은 전통적인 경력 개념과의 차별화를 모색하는 데 초점을 두었다김성국, 김태은, 1999. 그리고 Briscoe와 Hall[2002]에 의해 프로티언 경력에 대한 개인의 신념, 인식 및 정서의 방향성과 수준을 의미하는 프로티언 경력 태도protean career attitude 측정 도구가 개발된 이후 여타 변인들과의 관계 분석을 실시한 연구들이 다수 이루어져 오고 있다.

이 글에서는 프로티언 경력의 개관을 살펴보고, 프로티언 경력 태도에 관해 그동안 이루어진 국내 연구들의 대상, 다루어진 변수, 그리고 분석 결과의 유사한 점 또는 상이한 점 등을 검토해 보고자 한다. 그리고 검토 결과를 바탕으로 시사점을 도출하고 향후 프로티언 경력 태도 관련 연구를 계획, 실행하는 데 있어 고려해야 할 사항들을 제언하고자 한다.

02 프로티언 경력 태도

Hall[1996, 2002]은 현대 사회의 개인들은 자신의 경력에 있어 과거와 달리 심리적, 주관적인 경력 성공을 추구한다고 주장하였다.[5] 그리고 이러한

---

3 국내 연구들은 프로티언 경력, 프로테우스적 경력, 프로틴 경력, 변화무쌍한 경력 등 다양한 용어를 사용하고 있다. 이 글에서는 박용호, 한억천(2013, 2015)의 제안에 따라 '프로티언 경력'과 '프로티언 경력 태도'라는 용어를 사용하고자 한다. 보다 자세한 사항은 박용호, 한억천(2013, p. 56), 박용호, 한억천(2015, p. 37)을 참고하기 바란다.
4 새로운 경력 개념으로 경력의 이동성을 강조하는 무경계 경력(boundaryless career)에 대한 연구도 확산되어 가고 있다. 이 글에서는 양자 중 국내에서 보다 많은 연구가 이루어진 프로티언 경력 관련 연구물들에 대해 먼저 살펴보고자 한다. 물론 프로티언 경력과 무경계 경력을 함께 다룬 연구들은 이 글의 분석 대상에 포함된다.
5 전통적인 경력 성공은 승진, 연봉 인상, 지위 상승 등 객관적 지표로 대표된다. 현대

상황에서 개인들이 지녀야 할 경력 개발의 태도인 프로티언 경력은 조직이 아닌 개인이 책임감을 가지고 관리해야 함을, 그리고 개인들은 자기 주도적인 학습을 통해 지속적으로 자기개발을 도모해야 함을 강조하였다. 프로티언 경력과 전통적 경력의 차이는 다음의 <표 1>과 같이 대비될 수 있다.

표 1   전통적 경력과 프로티언 경력의 비교

이 슈	프로티언 경력	전통적 경력
책임의 소재	개인	조직
핵심 가치	자유, 성장	승진, 권력
이동성의 정도	높음	낮음
중시하는 성공 기준	심리적 성공	승진, 급여
중시하는 태도	일(work) 만족 전문 영역에 대한 몰입	조직 몰입
중시하는 정체성	나는 나 자신을 존중하는가? (자존감) 내가 원하는 것은 무엇인가? (자기 인식)	나는 이 조직에서 존중받는가? (타인으로부터의 존중) 나는 무엇을 해야 하는가? (조직 인식)
중시하는 적응성	일 관련 유연성 현재의 능력(시장 가치)	조직 관련 유연성(조직 내 생존)

출처: Hall(2002, p. 303).

경력 환경의 변화를 반영하여 글로벌 경력 연구자들의 모임인 5C(The Collaboration for the Cross-Cultural Study of Contemporary Career)는 2000년대 중반부터 다양한 문화권, 산업, 직업군에서 일하고 있는 현대인들의 경력 성공 기준에 대한 질적 연구를 실시하였다(미국, 서유럽, 동유럽, 극동아시아, 남아시아, 중동, 중남미, 아프리카 등). 그 결과 만족, 성취, 배움과 발전, 자아실현(이상 개인적 차원), 안정성, 일/과업 특성, 성과(이상 직무적 차원), 사회적 관계, 사회 기여, 인정, 일과 삶의 관계(이상 환경과의 교류 차원) 등이 도출되었다(김나정, 차종석, 2014).

앞서 전통적 경력과 프로티언 경력의 비교가 자칫 현대의 경력 개발에 있어 그 책임이 전적으로 개인에게 있음을 의미하는 것은 아니다. 프로티언 경력은 개인의 자율성과 주도성을 강조하고 보장해주지만, 그것의 촉진을 위해 개인과 조직 모두가 적극적으로 경력관리에 관여해야 함을 시사하기도 한다[배을규, 2009]. 프로티언 경력에서 강조하는 다음 사항[Hall, 2002, p. 24]을 보면 조직의 경력관리를 위한 노력도 함께 수반되어야 함을 알 수 있다.

- 경력은 조직이 아니라 개인에 의해 관리된다.
- 심리적 성공을 목표로 한다.
- 경력은 일생 동안의 경험, 스킬, 학습, 이행, 정체성 변화의 연쇄이다[생물학적 나이가 아닌 경력 연령 중시].
- 개발은 도전적 업무 상황, 그와 관계된 자기주도적인 지속적 학습을 통해 이루어진다.
- 개발을 위해 공식적 훈련, 재교육, 승진이 반드시 필요한 것은 아니다.
- 성공을 위한 조건은 know−how에서 learn−how로, 고용 보장에서 고용 가능성으로, 조직 주도의 경력에서 프로티언 경력으로, 일과 관련된 자아에서 온전한 자아로 변화되고 있다.
- 조직은 도전적인 과제, 개발 목적의 관계와 여타 자원을 제공한다.

나아가 조직은 경력 관련 정보, 능력 측정을 위한 테크놀로지, 경력 코칭과 상담 등이 통합된 경력 서비스를 제공하고, 개인의 능력 개발을 위한 도전적인 업무 기회와 대인관계 형성을 위한 경력 관련 개입 활동을 제시해야 한다[Hall, 2002, p. 43]. 이러한 점들을 고려해 본다면, 아무리 개인의 책임이 강조되는 현대의 경력 환경일지라도 여전히 조직 또는 사회의 역할을 간과할 수는 없다[Akkermans & Kubasch, 2017; Clarke, 2013; Rodrigues, Guest, Oliveira, & Alfes, 2015]. 개인의 경력, 즉 한 개인의 생애과정 전반에 걸친 일과

관련한 경험들은 조직과 사회의 맥락으로부터 영향을 받기 때문이다
Greenhaus, Callanan, & Godshalk, 2000. 따라서 프로티언 경력이 현대 경력개발에
있어 중요한 과제라면, 우리는 프로티언 경력의 개념과 효과성뿐만 아니
라 사회적, 조직적 차원에서 어떻게 프로티언 경력을 촉진시킬 수 있을
것인가에 관해서도 관심을 기울일 필요가 있다.

한편 최근에는 프로티언 경력의 개념을 적용하는 대상에 대한 한계를
주장하는 연구들이 제시되고 있다Baruch & Vardi, 2016; Kuron, Schweitzer, Lyons, &
Ng, 2016. 모든 사람들은 그들의 의지에 따라 실제 경력 전환을 실행할 수
있는 능력을 갖추고 있지는 않기 때문에 많은 조직에서 구성원들의 프로
티언 경력 특성이 나타나지 않거나 생각보다 낮은 비율로 나타난다는 것
이다. 예를 들어, 관리자managerial role에서 관리자, 전문가professional role에서
관리자로 전환되는 과정에 있어서는 프로티언 경력의 개념이 적용될 수
있으나, 관리자에서 전문가예: 일반 조직 관리자에서 의사나 변호사로의 경력전환로의 전
환에 대해 프로티언 경력 개념을 적용하는 것은 적합하지 않을 수 있다
는 것이다. 따라서 '경력개발 패러다임의 변화'라는 시대 조류에 휩쓸려
천편일률적으로 프로티언 경력의 개념을 적용하려는 과오를 범하지 않도
록 주의할 필요도 있다.

프로티언 경력에 관한 연구들은 서론에서 언급한 바와 같이 Briscoe와
Hall2002, Briscoe, Hall과 DeMuth2006에 의해 프로티언 경력 태도 측정 도
구protean career attitude scale가 개발된 이후 더욱 활발히 이루어지고 있다.
Briscoe와 Hall2002은 프로티언 경력을 가치 지향적 태도values−driven attitude와
자기 주도적 경력 관리 태도self−directed attitude toward career management로 특징화
한다. 즉, 프로티언 경력을 추구하는프로티언 경력 태도를 지닌 사람은 자신의 고
유한 가치와 심리적 성공 기준에 기반을 두고, 자신의 경력을 주도적으로
개발·관리해나간다는 것이다Briscoe & Hall, 2006. 프로티언 경력 태도 측정 도
구의 개발은 관련 연구가 개념적인 고찰에 머무르던 한계를 벗어나 다양한
실증 연구로 발전될 수 있는 계기를 제공하였다배을규, 이민영, 장민영, 김정원, 2014.

03 프로티언 경력 태도에 관한 국내 연구 현황

이 절에서는 프로티언 경력 태도에 관한 국내 연구 결과들을 살펴보고, 쟁점 또는 후속 연구에 주는 시사점을 찾아보고자 한다. 2017년 10월 말일 기준, 한국교육학술정보원이 제공하는 학술연구정보 서비스^{www.riss.kr}에서 protean으로 검색한 결과 157개의 국내 학술지 논문^{학술대회 발표 원고 포함}이 검색되었다. 이 가운데 프로티언 경력과 무관한 문학, 의학, 약학 분야 등의 논문, 중복 검색된 것, 그리고 직접적으로 프로티언 경력에 대해 다루고 있지 않은 것을 제외하면 35개의 자료를 확인할 수 있었다. 이 연구들의 발행 정보와 주요 분석 결과는 다음의 <표 2>에 제시하였다. <표 2>의 연구물들은 ① 프로티언 경력 태도가 독립, 매개, 조절, 종속 변수 중 어떤 변수로 사용되었는지, 또는 다른 특성의 연구인지, ② 독립 변수로 사용 시 단독으로 사용되었는지, 다른 변수와 함께 사용되었는지, ③ 개인 수준의 분석인지 다층 분석인지의 여부에 따라 배열하였다. 그리고 위 ①, ②, ③이 동일 조건인 경우 발행연도^{최근 발행순}, 저자명 순으로 나열하였다.

표 2 학술연구정보 서비스(www.riss.kr)에서 제공하는 프로티언 경력 관련 논문 현황 및 주요 분석 결과(2017년 10월 31일 기준)

제목	저자	연도	학회지명	연구 대상	독립변수	매개변수	조절변수	종속변수	주요 결과	비고
평생교육 종사자의 프로티언 경력태도가 직무만족에 미치는 영향: 조직지원과 가족지지의 매개효과를 중심으로	김인숙, 정인	2017	순천향 인문 과학논총	평생교육 기관 종사자	프로티언 경력 태도	조직지원 가족지지		직무만족	자기주도성과 가치지향성은 정의 관계(r=.438), 조직지원, 가족지지의 부분 매개	
외식업 종사원의 프로티언 경력태도가 학습조직문화와 경력성공에 미치는 영향	이불선, 김경영, 박계영	2017	관광연구저널	외식 기업 재직자	프로티언 경력 태도			학습조직(팀학습, 자율적 임파워 먼트)	자기주도성(β=.228)과 가치지향성(β=.330)은 팀 학습에 정의 영향, 자기주도성(β=.272)과 가치지향성(β=.292)은 자율적 임파워먼트에 정의 영향	종속변수로 경력성공(경력만족, 고용가능성)을 설정하였으나, 이에 대한 프로티언 경력의 효과는 분석하지 않음. 학습조직의 매개효과를 본 연구는 0임.
외식업 종사원의 프로티언 경력태도가 조직유효성에 미치는 영향	이불선, 김경영, 최유미	2017	관광레저연구	외식 기업 재직자	프로티언 경력 태도			직무만족 조직몰입	자기주도성(β=.197)과 가치지향성(β=.429)은 직무만족에 정의 영향, 자기주도성(β=.339)과 가치지향성(β=.266)은 조직몰입에 정의 영향	
서울시 여성인력개발 기관 종사자의 프로티언 경력태도와 관계적 경력성공의 관	김병숙, 이화신, 송영선	2015	직업교육연구	평생교육 기관 종사자	프로티언 경력 태도	경력연계 학습		주관적 경력성공(경력 만족, 직업)	경력연계학습의 부분 매개 요인 (진단, 전통적 학습, 자기주도 학습, 작용) 4개 모두 부분 매개	

제목	저자	연도	학회지명	연구 대상	독립변수	매개변수	조절변수	종속변수	주요 결과	비고
커리어 경력연계학습의 매개효과								고용 가능성	효과	
항공사 객실승무원의 프로틴 경력태도가 주관적 경력성공에 미치는 영향: 경력몰입의 매개효과를 중심으로	박혜영	2015	한국항공경영학회지	항공사 객실승무원	프로틴 경력 태도	경력몰입		주관적 경력성공 (경력 만족, 고용 가능성)	프로틴 경력 태도는 경력몰입, 고용가능성, 경력만족과 정의 관계 / 프로틴 경력 태도가 주관적 경력성공으로 영향을 미치지 않음. / 프로틴 경력태도가 경력몰입에, 경력몰입이 주관적 경력성공에 영향을 미침. / 경력몰입의 완전 매개 효과	프로틴 경력의 자기주도성만 측정
프로틴 경력태도가 직무만족과 조직몰입에 미치는 영향에 관한 연구: 경력장애 및 조절효과와 경력몰입의 매개효과를 중심으로	고종식	2014	경영교육연구	기업 재직자 (사무직)	프로틴 경력 태도	경력몰입	경력 장애	직무 만족, 조직 몰입	자기주도성과 가치지향성은 정적 관계 / 자기주도성은 경력장애와 부적 관계, 경력몰입, 직무만족, 조직몰입과는 정적 관계 / 가치지향성은 경력장애에, 경력 몰입과 부적 관계, 직무만족, 조직몰입과는 정적 관계 / 자기주도성, 가치지향성이 모두 직무만족과 조직몰입에 정적 영향 / 경력 몰입은 프로틴 경력과 직무만족의 관계를 부분 매개, 프로틴 경력과 조직몰입의 관계를 완전 매개	

제목	저자	연도	학회지명	연구 대상	독립변수	매개변수	조절 변수	종속 변수	주요 결과	비고
문화예술교육 전문 인력의 프로티언 경력 태도가 경력 만족에 미치는 영향: 자기주도학습 능력의 조절 효과	배을규, 이민영, 김대영	2014	Andragogy Today	학교·사회 예술 강사	프로티언 경력 태도		자기주도 학습 능력	경력 만족	자기주도성, 경력 만족, 자기주도학습 능력은 정적 관계 / 자기주도성은 연령, 학력, 경력 기간, 강의 시수와 정적 관계 / 자기주도성(β = .319)과 자기주도학습 능력(β = .302)이 경력 만족에 유의한 영향 / 자기주도학습 능력의 조절 효과 유의	프로티언 경력의 자기주도 성만 측정
중소기업 구성원의 프로티언 경력태도와 주관적 경력성공의 관계에서 자기주도학습 능력의 매개 효과: 중소기업 재직자의 직무능력향상 지원사업 참여업체를 중심으로	배을규, 이민영, 장민영, 김정원	2014	HRD연구	중소기업 재직자	프로티언 경력 태도	자기주도 학습 능력		주관적 경력 성공 (경력 만족, 직무 만족, 고용 가능성)	자기주도학습 능력은 프로티언 경력 태도와 주관적 경력 성공의 관계를 부분 매개	
대졸 초기경력자의 프로티언 경력지향성이 개발지원 관계 특성을 매개로 개발지원 기능에 미치는 영향	이호주, 장원섭	2014	한국HRD연구	금융사 대졸 신입 사원	프로티언 경력 태도	개발지원 관계망의 강도, 크기		멘토링 기능(경력 지원, 심리사회 적 지원, 역할 모델링)	자기주도성은 관계 강도, 관계 망 크기에 정적 영향 / 가치지향성은 관계 강도, 관계 망 크기에 영향 주지 않음 / 자기주도성은 멘토링 기능 하위 3개 요인에 모두 정적 영향 / 가치지향성은 경력지원, 심리 사회적 지원은 영향 주지 않음, 역할모델링 기능에 부적 영향	

제목	저자	연도	학회지명	연구 대상	독립변수	매개변수	조절변수	종속변수	주요 결과	비고
호텔 종업원의 프로틴 경력 태도가 직무만족과 이직의도에 미치는 영향: 조직지원의 매개효과를 중심으로	김정은, 홍아정	2012	한국HRD연구	호텔 재직자	프로틴 경력 태도	조직지원 (물질적, 정서적)		직무만족 이직의도	관계 강도는 자기주도성과 매트립 가능을 부분 매개 관계망 크기의 매개 효과 없음 / 프로틴 경력이 직무만족에 직접 영향을 미침(설명력 1.1%) / 프로틴 경력이 이직의도에 영향 미치지 않음 / 조직의 정서적 지원이 프로틴의 경력과 직무 만족의 관계를 완전 매개	
직업군인의 자기주도적 경력관리가 주관적 경력성공과 조직효과성에 미치는 영향: 프로틴 경력 태도 관점의 한·미군 비교	이재봉, 진성미	2012	국방정책연구	군인(중사~대령)	프로틴 경력 태도	주관적 경력성공 (경력 만족, 고용 가능성)		직무만족 조직몰입	프로틴의 경력, 경력 만족, 직무만족, 고용 가능성, 직무만족은 한국군이 높음 / (전체) 프로틴의 경력과 경력 만족과 고용가능성에 정적 영향을 주지만, 직무만족과 조직몰입에 직접 효과 없음 / (전체) 경력만족은 직무만족과 조직몰입에 정적 영향, 고용가능성은 직무만족에만 정적 영향 / (한국군) 전체의 분석 결과와 유사 / (미군) 프로틴 경력태도의 효과 패턴은 동일한데, 경력만족 혹은 조직몰입에 영향을 주지 않으며, 고용가능성은 직무만족에 정적 영향	프로틴 경력의 자기주도성만 측정

제목	저자	연도	학회지명	연구 대상	독립변수	매개변수	조절 변수	종속 변수	주요 결과	비고
군 장교의 프로티언 경력지향성이 주관적 경력성공에 미치는 영향	이재봉, 진성미	2011	산업교육연구	군인(준위~대령)	프로티언 경력 태도		계급, 근속기간	주관적 경력성공 (경력 만족, 고용 가능성)	자기주도성, 가치지향성 정적 관계 / 경력만족, 고용가능성 정적 관계 / 자기주도성은 경력만족에 정적 영향 / 자기주도성과 가치지향성은 고용가능성에 정적 영향 (근속연수 동조성에 대한 가치지향성의 설명력 1.3%) / 계급의 조절효과 없음 / 근속기간은 자기주도성과 경력만족, 자기주도성과 고용가능성, 가치지향성과 고용가능성의 관계를 조절	
프로티언 경력태도, 주관적 경력성공, 조직몰입의 구조적 관계: TMX의 매개효과를 중심으로	박혜영, 박용호	2015	HRD연구	금융, 항공, 서비스 재직자	프로티언 경력 태도 주관적 경력성공	TMX		조직몰입 (정서적 몰입)	프로티언 경력 태도, 주관적 경력성공, TMX, 정서적 몰입은 모두 상호 정적 관계 / 프로티언 경력은 TMX에 직접 정적 영향 / 주관적 경력성공은 TMX, 정서적 몰입에 직접 정적 영향 / TMX는 정서적 몰입에 직접 정적 영향 / TMX는 프로티언 경력과 정서적 몰입의 관계를 완전 매개, 주관적 경력성공과 정서적 몰입의 관계를 부분 매개	프로티언 경력의 자기주도성만 측정 / 주관적 경력성공 측정 도구 밝히지 않음

제목	저자	연도	학회지명	연구 대상	독립변수	매개변수	조절변수	종속변수	주요 결과	비고
초등 교사의 평생학습 참여 경험, 프로티언 경력 태도 및 주관적 경력 성공 간의 관계	김선자, 최상아	2015	평생교육·HRD연구	초등학교 교사	평생학습 참여 경험 프로티언 경력 태도			주관적 경력성공 (경력 만족, 직무 만족, 삶의 만족)	보직 경력, 평생학습 참여 경험이 있는 집단의 프로티언 경력 태도가 더 높음. 프로티언 경력 태도 하위 3개 요인은 주관적 경력 성공 하위 3개 변인과 모두 정적 관계 자기주도성(β =.523)과 일관된 개방성(β =.310)이 주관적 경력 성공 (전체)에 정적 영향 자기주도성(β =.591)과 일관된 개방성(β =.540)이 직무만족에 정적 영향	프로티언 경력 태도를 3개의 하위 요인(자기주도성, 가치 지향성, 일 관련 개방성)으로 구성
성인학습자의 프로티언 경력과 무경계 경력이 주관적 경력 성공에 미치는 영향	고은승	2016	한국과학예술포럼	기업 재직자	프로티언 경력 태도 무경계 경력 태도			주관적 경력성공 (경력 만족, 고용 가능성, 삶의 만족)	자기주도성과 가치지향성은 정의 관계(r=.361) 자기주도성, 가치지향성은 경력만족, 고용가능성, 삶의 만족과 모두 유의한 정적 관계 자기주도성, 가치지향성, 무경계 마인드, 조직 이동 선호 중 마음 경력 이직만 경력만족, 고용가능성, 삶의 만족에 유의한 영향	
프로티언 경력태도와 무경계 경력태도가 조직몰입에 미치는 영향	박용호, 한아린	2015	한국HRD연구	금융사 재직자	프로티언 경력 태도 무경계 경력 태도			조직 몰입 (정서적, 규범적, 지속적)	자기주도성, 가치지향, 무경계 관계 사고방식은 상호 정적 관계 조직 이동성은 선호는 위 세 변인과의 인과 의미의 관계	

제목	저자	연도	학회지명	연구 대상	독립변수	매개변수	조절변수	종속변수	주요 결과	비고
운동선수들의 경력태도가 경력관리 행동 및 경력적응력에 미치는 영향	김태희, 이형국, 장영복	2014	한국스포츠산업·경영학회지	운동선수 (실업팀 소속)	프로티언 경력 태도 무경계 경력 태도	경력 계획 경력학습		경력 적응력	정서적 몰입에 대해 자기주도성은 정적, 가치지향성과 조직이동선호는 부적 영향 / 지속적 몰입과 규범적 몰입에 대해 조직이동선호가 부적 영향 / 자기주도성과 무경계 사고방식은 정적 관계 / 연구 변인은 모두 상호 정적 관계 / 자기주도성은 경력 계획, 경력 학습, 경력 적응력에 정적 영향 / 무경계 사고방식은 경력 계획과 경력 적응력에 정적 영향 / 무경계 사고방식보다 자기주도성이 더 큰 영향	프로티언 경력의 자기주도성만 측정 / 무경계 경력의 무경계 사고방식만 측정
프로틴 경력태도, 무경계 경력태도 및 주관적 경력성공의 관계분석	김시진, 김정원	2010	대한경영학회지	기업 재직자	프로티언 경력 태도 무경계 경력 태도			주관적 경력성공 (경력 만족, 직무 만족, 고용 가능성)	모든 변수는 상호 정적 관계 / 프로티언($\beta = .237$), 무경계 ($\beta = .271$) 모두 경력 만족에 정적 영향 / 모든 변수는 상호 정적 관계 / 프로티언($\beta = .369$), 무경계($\beta = .255$) 모두 직무 만족에 정적 영향 / 고용가능성에는 프로티언 경력만 정적 영향	프로티언 경력의 자기주도성만 측정 / 무경계 경력의 무경계 사고방식만 측정

제목	저자	연도	학회지명	연구 대상	독립변수	매개변수	조절변수	종속변수	주요 결과	비고
정규고용 장애인근로자의 주관적 경력 성공에 대한 영향요인 분석: 개인 및 조직특성에 대한 다층분석의 적용	권재웅, 이동영, 진병렬	2017	한국사회정책	장애인 근로자	<개인> 장애유형, 장애정도, 교육훈련시간, 성장욕구, 프로티언 경력태도 <조직> 작업도구, 편의제공, 경력지원, 인사지원, 대인관계지원, 장애인식			주관적 경력성공 (경력만족, 고용가능성)	조직 수준 변수들이 주관적 경력성공률 32.1% 설명, 프로티언 경력 성향이 영향을 미치며, 이는 조직의 지원(편의제공, 경력관리 지원, 인사 지원)에 의해 조절(증대)됨	다층 분석, 장애인들의 프로티언 경력 태도는 일반 기업 재직자에 비해 낮은 수준
사회복지사의 경력몰입의 결정요인에 대한 다층분석연구	전희정, 이동영	2016	한국콘텐츠학회논문지	사회복지사	<개인> 프로티언 경력태도, 성장욕구, 인적 네트워크, 자기효능감 <조직> 의무교육시간, 성과급			경력몰입	프로티언 경력의 정의 영향, 자격수당 제도, 지금이 경력몰입에 정의 영향	다층 분석

제목	저자	연도	학회지명	연구 대상	독립변수	매개변수	조절변수	종속변수	주요 결과	비고
사회복지사의 주관적 경력성공에 대한 개인 및 조직 수준 영향요인에 관한 연구	이재헌, 우영웅	2013	한국사회복지조사연구	사회복지사	지급 여부, 자격증 수당 제도 <개인> 프로티언 경력 태도, 성장욕구, 인적네트워크, 자기효능감 <조직> 의무교육시간, 성과급 제도, 자격증 수당 제도			주관적 경력성공 (경력만족, 고용가능성)	프로티언 경력, 성장 욕구, 인적 네트워크, 자기효능감, 자격 수당제도가 주관적 경력성공에 정적 영향	다층 분석
내적 일의 의미, 자기주도적 경력태도, 주관적 경력성공의 관계: 경력지원 멘토링의 조절효과	신소연, 탁진국	2017	한국심리학회지: 산업 및 조직	기업 재직자	내적 일의 의미	프로티언 경력태도	경력지원 멘토링	주관적 경력성공 (경력만족)	프로티언 경력과 인구통계 변인의 상관관계 없음 프로티언 경력의 부분 매개 경력지원 멘토링이 프로티언 경력과 경력만족의 관계 조절	프로티언 경력 측정 도구 사용(자기주도성 4개, 가치지향 3개)
대학생의 진로성숙도가 프로티언 경력 태도와 주관적 경력 성공에 미치는 영향	조현래, 박영홍	2017	한국콘텐츠학회논문지	대학생	<진로성숙도> 계획성, 독립성, 일에 대한 태도	프로티언 경력태도 (자기주도성)		경력만족	프로티언 경력(자기주도성)은 경력만족에 정적 영향(β = .278) 계획성과 독립성이 프로티언 경력에 정적 영향을 미침	프로티언 경력의 자기주도성만 측정 진로성숙도와 경력만족의 관계에 대한 프로티언 경력의 매개효과를 분석하지 못함

제목	저자	연도	학회지명	연구 대상	독립변수	매개변수	조절변수	종속변수	주요 결과	비고
주도성 및 개방성과 시간조망 및 프로틴 경력지향이 미래 경력설계에 미치는 영향	김수진, 이주일	2016	한국심리학회지: 산업 및 조직	베이비 부머 (재직자)	주도성 개방성	프로틴 경력태도 미래시간 조망 경력미래 시간조망		경력계획 경력개발 활동적 노년의향	프로틴 경력은 경력계획, 경력개발, 활동적 노년의향에 두 정적 영향 프로틴 경력의 부분 매개 효과	없음
산업체 종사자의 주관적 경력성공과 고용안정성, 조직지원, 경력관리지원, 프로틴 경력태도, 프로틴 경력관리행동의 인과적 관계	신수림, 정진철	2014	농업교육과 인적자원개발	기업 재직자	고용 안정성	조직경력 관리지원 (상사 지원, 교육기회) → 프로틴 경력태도 → 프로틴 경력관리 행동 (경력계 획, 네트 워킹, 기술개발)		주관적 경력 성공 (객관적 기준, 경력성공 만족, 경력성 만족, 업무 만족, 사회적 관계 만족)	자기주도성과 가치지향성은 정적 관계 프로틴 경력 태도는 경력 관리 행동, 주관적 경력 성공에 직접적 영향 고용 안정성, 조직 경력 관리 지원은 프로틴 경력 태도에 직접적 영향	주관적 경력 성공 측정 도구 직접 개발
의식기업의 학습조직 지문화가 프로틴 경력지향성 및 경력만족에 미치는 영향	박규은, 이수범	2014	한국호텔외식경영학회 추계정기학회	외식 기업 재직자	학습 조직	프로틴 경력태도		경력 만족	자기주도성, 가치지향성, 개방성은 상호 정적 관계 모든 변인 상호 정적 관계	프로틴 경력 태도 3개의 하위 요인 (자기주도성,

제목	저자	연도	학회지명	연구 대상	독립변수	매개변수	조절변수	종속변수	주요 결과	비고
만족에 미치는 영향									학습조직화 수준은 가치지향성, 자기주도성, 개방성 모두에 정적 영향 / 3개 매개 변인 모두 경력 만족에 정적 영향	가치지향성, 개방성)으로 구성
주도성이 주관적 경력성공에 미치는 영향: 프로틴 경력지향을 매개변인으로	황애영, 탁진국	2011	한국심리학회지: 산업 및 조직	기업 재직자	주도성	프로틴 경력태도	조직의 경력 지원	주관적 경력 성공 (경력 만족)	프로틴 경력은 나이, 학력과 정적 관계 / 주도성이 프로틴 경력에 의한 정적 영향 / 프로틴 경력은 주도성과 경력 만족의 관계를 부분 매개 / 조직의 경력 지원은 프로틴인 경력과 경력 만족의 관계를 조절	
자비용향공사 에어스케이프, 브랜드 인식, 주관적 경력 성공 간 구조적 관계	이정은	2016	관광연구저널	항공사 재직자	에어스케이프	브랜드 신뢰 → 브랜드 몰입 → 브랜드 시민행동	프로틴 경력태도	주관적 경력성공 (경력 만족, 직무 만족)	자기주도성과 가치지향성은 정의 관계(r=.603) / 자기주도성과 가치지향성은 경력만족, 직무만족과 상호 정적 관계 / 자기주도성은 브랜드 인식과 경력만족의 관계를 조절	
평생교육 담당자의 직무특성, 프로틴 경력태도, 자기효능감의 관계	김희동, 남수미, 한영석	2015	평생교육학 연구	평생교육 기관 종사자	과업 특성, 지식 특성		자기효능감	프로틴 경력태도	과업 특성, 지식 특성, 자기효능감은 모두 프로틴인 경력 태도에 정적 영향 / 자기효능감도는 과업 특성과 프로틴인 경력 태도, 지식 특성	

제목	저자	연도	학회지명	연구 대상	독립변수	매개변수	조절변수	종속변수	주요 결과	비고
여성의 취업경험별 프로틴 경력태도에 미치는 영향 변인 분석	노경란, 허선주, 임현선	2014	직업교육연구	서울시 거주 여성	개인 특성, 일자리 수용 태도, 취업 인식			프로틴 경력 태도	과 프로틴 경력 태도의 관계를 조절(강화)함 프로틴 경력 태도에 영향을 미치는 변인은, (전체) 연령, 학력, 일자리 수용 태도, 실패에 대한 두려움 (-), 준비 부족(-), 자녀 양육 환경 저하 (취업 경험 없음) 학력, 실패에 대한 두려움(-) (경력단절여성) 일자리 수용 태도, 실패에 대한 두려움(-), 준비 부족(-), 배우자에 대한 고려 (취업여성) 학력, 일자리 수용 태도, 실패에 대한 두려움(-), 준비 부족(-), 배우자에 대한 고려(-)	개인 특성 변인만 이들 특성이 영향을 줄 경우 한 영향과 직업교육 경 영향 프로틴인 경력 태도에 정적 영향(설명력 7.1%)
기업의 학습조직 구축정도, 자기주도 학습능력, 프로틴인 경력태도의 구조적 관계	박용호, 한억천	2013	HRD연구	금융사 재직자	학습 조직	자기주도 학습능력		프로틴 경력 태도	학습 조직, 자기주도학습 능력, 프로틴인 경력의 상호 정적 관계 자기주도학습 능력을 통한 학습조직화 수준과 프로틴인 경력태도의 관계를 완전 매개	
대기업 사무직 근로자의 프로틴우스적 경력 태도와 개인 조직 특성의	김은석, 정철영	2011	농업교육과 인적자원개발	기업 재직자 (대기업 사무직)	<개인> 인구특성, 직업특성, 자아정체감			프로틴 경력 태도	(인구특성) 남성, 대학원 이상, 차이적 부서 이동 횟수 증가 프로틴인 경력에 정적 영향 (설명력 14.6%)	프로틴인 경력 태도를 3개의 하위 요인(자기주도성, 개방 가치지향성)

제목	저자	연도	학회지명	연구 대상	독립변수	매개변수	조절변수	종속변수	주요 결과	비고
위계적 관계					적응성 <조직> 조직구조, 인사평가공정성, 승진 공정성, 조직지원, 지속적 학습 문화				(개인 심리 특성) 자아정체감, 학습 적응성, 대인관계 적응성이 프로티언 경력에 유의한 영향(설명력 51.1%) (조직 특성) 조직구조의 문화, 평정도가 프로티언 경력에 의한 영향(설명력 47.1%)	성이론 구성
프로티언 경력태도를 지닌 1인 기업가의 진로선택경험에 대한 내러티브 탐구	김이준	2017	한국심리학회 학술대회 발표자료	1인 기업가					조직 환경의 변화, 조직과 개인의 가치의 충돌, 직업적 안정성에 대한 재정의, 일과 가치의 조화, 장기적 진로 전망 등이 개인의 경력관리에 영향을 미침	내러티브 연구
국내 기업환경을 고려한 프로티언 경력 태도 척도에 관한 적용성 연구	박용호, 이진구, 윤형준	2011	산업교육연구	기업 재직자					자기주도성과 가치지향성은 부적 관계(r=-.400) 프로티언 경력 태도 척도는 2개 요인으로 구성 자기주도성은 남성이 더 높음 가치지향성은 제조업 종사자보다 금융업 종사자가 더 높음 나이와 경력 기간은 자기주도성에 정적, 가치지향성에 부적 영향	프로티언 경력 태도 측정 도구 국내 타당화 연구
경력(Career) 개념의 변화와 미래 방향성에 관한 이론적 고찰	김성국, 김태은	1999	경영논총	선행 연구					21세기에는 무경계 경력, 프로티언 경력 등의 성공에 대한 관심이 증가할 것	문헌 고찰 연구

앞서 연구들을 살펴보면 35개의 연구 중 33개가 설문 조사 및 양적 분석을 실시한 연구이고, 내러티브 분석 연구 1개, 문헌 고찰 연구 1개이다. 국내에서는 김성국, 김태은[1999]의 프로티언 경력에 대한 소개 이후, 2010년부터 본격적으로 프로티언 경력 태도에 대한 연구들이 이루어졌으며, 주로 양적 연구에 치중해 있다. 연구 대상은 주로 기업에 재직 중인 근로자들을 대상으로 하고 있고, 군인, 교사, 평생교육기관 종사자, 사회복지사, 운동선수, 장애인 근로자, 대졸 신입사원, 대학생, 베이비부머, 여성 등 다양한 대상에 대해 연구가 진행되어 왔다. 프로티언 경력 태도를 독립 변수로 설정한 연구들이 가장 많고[21개], 매개 변수로 사용한 연구는 6개, 조절 변수로 사용한 연구는 1개, 종속 변수로 사용한 연구는 4개, 프로티언 경력 태도 측정 도구 타당화 연구 1개였다. 많은 연구들이 프로티언 경력 태도와 주관적 경력 성공[경력 만족, 고용 가능성, 직무 만족 또는 삶의 만족]의 관계에 초점을 두고 있고[21개], 그 외에도 조직 몰입, 경력 관련 변수[조직의 경력 지원, 경력 계획, 경력 적응, 경력 개발, 이직 의도], 학습 조직, 멘토링 기능, TMX, 자기주도학습 능력 등과의 관계를 살펴본 연구들이 이루어졌다. 프로티언 경력 태도와 무경계 경력 태도의 효과 크기를 비교하는 연구, 다층 분석 방법을 사용한 연구들도 몇몇 이루어져 왔다. 한편, 프로티언 경력 태도 측정 시 자기주도적 경력 관리 요인만을 측정, 사용한 연구들이 7개 있었다. 다음 절에서는 위 연구 결과들의 차이점 또는 쟁점을 살펴보고, 후속 연구 설계 시 고려할 필요가 있는 사항들을 제시할 것이다.

04 프로티언 경력 태도 관련 국내 연구의 주요 결과 및 시사점

프로티언 경력 태도에 관한 국내 연구 결과들을 살펴본 결과, 다음과 같은 사항의 측면에서 각 연구 결과들에 다소 차이가 있거나, 후속 연구 설계를 위한 시사점을 줄 수 있다고 판단되었다. 따라서 이후 부분에서는 다음의 각 항목을 중심으로 선행 연구 결과들을 살펴보고자 한다.

- 1. 프로티언 경력 태도의 하위 요인^{자기주도적 경력 관리, 가치 지향성}의 관계
- 2. 프로티언 경력 태도와 주관적 경력 성공의 관계
- 3. 프로티언 경력 태도와 조직 효과성의 관계
- 4. 프로티언 경력 태도와 기타 변인의 관계
- 5. 프로티언 경력 태도와 무경계 경력 태도의 영향력 비교
- 6. 프로티언 경력 태도에 영향을 주는 변인

첫 번째, 프로티언 경력 태도의 하위 요인, 자기주도적 경력 관리와 가치 지향성은 어떤 관계인가? 대부분의 연구에서는 정적 관계인 것으로 나타난다^{예: 고윤승, 2016; 고종식, 2014; 김인숙, 정민, 2017; 박규은, 이수범, 2014; 박용호, 한억천, 2015; 신수림, 정진철, 2014; 이경은, 2016; 이재봉, 진성미, 2011}. 반면 박용호, 이진구, 윤형준²⁰¹¹의 연구에서는 양자가 부적 관계^{r=−.400, p<.01}인 것으로 나타났다. 한편 연구의 제목에는 프로티언 경력 태도를 포함하고 있지만 그 하위 요인 중 자기주도적 경력관리만을 사용한 연구^{김시진, 김정원, 2010; 김태희, 이형국, 장경로, 2014; 박혜영, 2015; 박혜영, 박용호, 2015; 배을규, 이민영, 김대영, 2014; 이재봉, 진성미, 2012; 조형래, 박용호, 2017}들도 자주 등장하고 있다. 물론 개인이 주도권을 갖고 자신의 경력개발 및 관리를 위해 노력하는 것이 프로티언 경력 태도의 핵심이긴 하지만, 또 다른 하위 요인인 가치 지향성을 배제한 연구 결과를 온전한 프로티언 경력 태도 관련 연구의 결과로 해석, 수용하는 것이 적절할지 검토해 보아야 할 것이다. 달리 말해 프로티언 경력 태도에 관한 연구라면 자기주도적 경력 관리와 가치 지향성 모두를 다룰 필요가 있다.

두 번째, 프로티언 경력 태도는 주관적 경력 성공에 어떤 영향을 미치는가? 많은 연구들은 프로티언 경력 태도는 주관적 경력 성공^{경력 만족, 고용}

가능성, 직무 만족, 삶의 만족에 긍정적인 영향을 미친다는 것을 확인하였다[고종식, 2014; 권재용, 이동영, 전병렬, 2017; 김병숙, 이희수, 송영선, 2015; 김시진, 김정원, 2010; 박규은, 이수범, 2014; 배을규, 이민영, 김대영, 2014; 배을규, 이민영, 장민영, 김정원, 2014; 신소연, 탁진국, 2017; 신수림, 정진철, 2014; 이봉선, 김경영, 최유미, 2017; 이재봉, 진성미, 2012; 이재현, 오장용, 2013; 조형래, 박용호, 2017; 황애영, 탁진국, 2011]. 이재봉, 진성미[2011]는 프로티언 경력 태도 하위 요인 중 자기주도적 경력 관리만 경력 만족에 정적 영향을 미친다는 것을 확인하였다. 반면 경력 몰입이 프로티언 경력 태도와 주관적 경력 성공의 관계를 완전 매개한다는 연구[박혜영, 2015], 프로티언 경력 태도는 경력 만족, 고용 가능성[이재봉, 진성미, 2012], 조직의 정서적 지원[김정은, 홍아정, 2012]을 매개로 직무 만족에 간접적인 영향을 미친다는 연구도 있다. 즉, 각 연구에 따라 그 결과가 다르게 제시되는 연구들이 존재하는데, 이러한 연구들은 모두 특정 시점에 자료를 수집, 분석한 횡단 연구라는 특성 또는 방법적 한계를 지니고 있다. 따라서 프로티언 경력 태도와 주관적 경력 성공의 관계를 보다 정확하게 확인하기 위해서는 종단 연구 설계가 필요할 것으로 판단된다[박윤희, 정홍전, 오미래, 2017; Supeli & Creed, 2016].

세 번째, 프로티언 경력 태도는 조직 효과성에 어떤 영향을 미치는가? 이에 관한 연구 결과들을 살펴보면, 프로티언 경력 태도는 조직 몰입에 긍정적인 영향을 미치지만[이봉선, 김경영, 최유미, 2017; 박혜영, 박용호, 2015], 이직 의도에 유의한 영향을 미치지 않는다[김정은, 홍아정, 2012]. 또한 프로티언 경력 태도는 조직 몰입에 간접적인 영향을 미치는데, 이들의 관계를 경력 몰입[고종식, 2014], 경력 만족과 고용 가능성[이재봉, 진성미, 2012]이 완전 매개하는 것으로 나타나기도 하였다. 일반적으로 프로티언 경력 태도는 조직 몰입[특히, 정서적 몰입] 긍정적인 영향을 미치는 것으로 알려져 있다[Grimland, Vigoda-Gadot, & Brauch, 2012]. 그러나 이들은 무관하다는 연구 결과[Briscoe & Finkelstein, 2009], 더 나아가 프로티언 경력 태도는 심리적 계약 중 거래적 계약의 형태로 고용 관계가 형성되므로 특정 조직에 대한 낮은 수준의 몰입을 보인다는 연구 결과[Supeli & Creed, 2016]도 존재하고 있다. 또한 조직효과성 변인으로 조직몰입, 이직의도와 더불어 조직시민행동, 과업 성과를 다룬 연구 Rodrigues, Guest, Oliveira, & Alfes, 2015도 존재하는 바, 향후 프로티언 경력 태도와 조직 효과성의 관계에 대해서는 다양한 변인, 다양한 문화, 다양한 배경에서 더 많은 연구들이 이루어져야 할 것으로 보인다.

네 번째, 프로티언 경력 태도는 또 무엇에 영향을 주는가? 먼저 경력 관련 변수에 영향을 준다. 보다 구체적으로 살펴보면, 경력 몰입고종식, 2014; 박혜영, 2015; 전희정, 이동영, 2016, 경력 계획, 경력 학습, 경력 적응력김수진, 이주일, 2016; 김태희, 이형국, 장경로, 2014에 정적인 영향을 미친다. 이 외에도 프로티언 경력 태도는 자기주도학습 능력배을규, 이민영, 장민영, 김정원, 2014, 조직 지원김정은, 홍아정, 2012, 가족 지지김인숙, 정민, 2017, TMX박혜영, 박용호, 2015, 학습조직 구축 요인 중 팀 단위 조직학습, 자율적 임파워먼트이봉선, 김경영, 박계영, 2017에도 유의한 영향을 미치는 것으로 확인되었다. 한편 이호주, 장원섭2014은 프로티언 경력 태도의 하위 요인 중 자기주도적 경력 관리가 멘토링 기능경력 지원 기능, 심리사회적 기능, 역할모델링 기능과 개발 지원 관계망의 관계 강도에 정적 영향을, 가치 지향성은 역할 모델링 기능에 부적 영향을 미친다는 것을 확인하였다. 앞서 살펴본 바와 같이 프로티언 경력은 개인 주도의 경력 관리를 강조하면서도 조직이 직원의 개발을 목적으로 하는 도전적인 업무 수행과 대인 관계 형성의 기회를 제공해야 함을 함께 제시하고 있다. 그럼에도 불구하고 아직까지 국내에서는 프로티언 경력 태도와 관련한 개발 지원 관계, 도전적 업무 수행에 관한 연구들이 활발히 이루어지지 못하고 있다. 또한 경력개발과 관련된 최근의 이슈 중 하나인 일과 삶의 균형, 실제 이직 또는 전직평생 직업 추구를 위한 이동 등에 관한 연구가 부재한 것 역시 다소 의외였다.

다섯 번째, 프로티언 경력 태도와 무경계 경력 태도 가운데 주관적 경력 성공, 조직 몰입 등에 더 큰 영향을 미치는 것은 무엇인가? 프로티언 경력 태도와 무경계 경력 태도의 영향력을 함께 검증한 연구들을 살펴보면, 먼저 경력 만족에는 무경계 경력 태도가 프로티언 경력 태도보다 더 큰 영향, 직무 만족에는 프로티언 경력 태도가 무경계 경력 태도보다 더 큰 영향을 미치며, 고용 가능성에는 프로티언 경력 태도만 영향을 미친 다는 연구 결과[김시진, 김정원, 2010]가 있다. 반면 프로티언 경력 태도는 주관 적 경력 성공에 영향을 미치지 않고, 무경계 경력 태도가 주관적 경력 성 공에 긍정적 영향을 미친다는 연구 결과[고윤승, 2016]도 있다. 박용호, 한억천[2015]은 정서적 몰입에 대해 프로티언 경력 태도의 하위 요인 중 자기주도 적 경력 관리는 정적 영향을 미치지만, 프로티언 경력 태도의 하위 요인 중 가치 지향성과 무경계 경력 태도의 하위 요인인 조직 이동 선호성은 부적 영향을 미친다는 것을 확인하였다. Briscoe 외[2006]는 프로티언 경력 태도와 무경계 경력 태도는 분명히 구분되는 개념이지만 서로 영향을 주 고받는 관계임을 강조한다. 그들의 연구에서도 대상[임원, 학부생, MBA 학생]에 따라 이들의 관계와 타 변인에 미치는 영향력이 다름을 제시한 바 있다. 따라서 프로티언 경력 태도와 무경계 경력 태도의 관계 및 이들의 영향 력 비교에 대해서 역시 다양한 문화, 다양한 배경에서 더 많은 연구들이 이루어져야 할 것으로 보인다.

여섯 번째, 프로티언 경력 태도는 무엇의 영향을 받는가? 프로티언 경 력 태도에 영향을 미치는 변수는 크게 세 가지[인구통계학 특성, 개인적 특성, 조직 환경적 특성]로 나누어 살펴볼 수 있다. 먼저 인구통계학 특성으로는 연령, 학력[노경란, 허선주, 임현선, 2014], 성별[남성], 자의적 부서 이동 회수[김은석, 정철영, 2011]가 프로티언 경력 태도에 유의한 영향을 주는 것으로 나타났다. 다음으로 개인적 특성으로는 내적 일의 의미[신소연, 탁진국, 2017], 진로 성숙도[조형래, 박용호, 2017], 일자리 수용 태도, 실패에 대한 두려움, 준비 및 기술 부족, 자 녀 양육 환경의 제약[노경란, 허선주, 임현선, 2014], 자기주도학습 능력[박용호, 한억천, 2013], 자아 정체감, 학습 적응성, 대인관계 적응성[김은석, 정철영, 2011], 자기 효 능감[김희동, 남수미, 현영섭, 2015], 주도적 성격[김수진, 이주일, 2016; 황애영, 탁진국, 2011], 개 방적 성격[김수진, 이주일, 2016], 평생학습 참여 경험[김선자, 최형우, 2015] 등이 제시 되었다. 마지막으로 조직 환경적 특성에는 조직의 경력 관리 지원[상사의 지원, 교육 기회, 고용 안정성신수림, 정진철, 2014, 학습 조직화 수준박규은, 이수범, 2014; 박용호, 한억천, 2013, 조직 구조의 분권화 정도김은석, 정철영, 2011, 직무 특성김희동, 남수미, 현영섭, 2015 등이 있었다. 이와 같은 연구들은 개인 및 조직 수준의 다양한 변인들이 개인의 프로티언 경력 태도에 영향을 미친다는 것을 입증하였다는 의의를 지니지만, 이 연구들에서 다룬 변인들프로티언 경력 태도에 영향을 미치는 변인들은 다른 연구들에서 활발히 다루어지지 않고 있다. 즉, 특정 변인이 프로티언 경력 태도에 영향을 미치는지에 대해 다양한 집단을 대상으로 반복적으로 확인하는 연구들은 상대적으로 부족하였다. 앞서 서두에서 자기주도성과 가치지향성을 핵심으로 하는 프로티언 경력 태도 개발을 위해서는 조직의 역할, 사회적 맥락도 중요함을 제시한 바 있다. 실제로 Verbruggen과 Sels[2008]은 경력 상담 참여자 대상 종단 연구를 통해 경력 상담이 경력에 있어 자기주도성과 자아 인식 및 적응성 개발에 긍정적인 영향을 주었으며 이 효과는 최소 6개월간 지속된다는 것을 확인하였다. 따라서 프로티언 경력 태도 개발을 위한 조직, 사회적 차원의 구체적인 개입 활동들을 제안하는 연구들도 활성화될 필요가 있을 것이다.

05 맺음말(후속 연구를 위한 추가적 제언)

이 글은 국내에서 프로티언 경력 태도 관련 연구들이 다수 이루어져 왔음을 보여주었다. 그리고 각 연구 결과들의 유사점과 차이점을 살펴보고 후속 연구 설계를 위한 시사점을 제시하고자 하였다. 프로티언 경력 태도에 관한 국내 연구들은 기업 재직자뿐만 아니라 경력단절 여성, 장애인 근로자, 대학생, 사회복지사, 운동선수, 군인 등 다양한 대상의 배경으로 이루어지고, 프로티언 경력 태도를 독립 변인뿐만 아니라 매개, 조절, 종속 변인으로 설정하여 다각적인 시사점을 제시하였다는 의의들이 있다. 반면 상기한 바와 같이 프로티언 경력 태도의 하위 요인인 가치 지향성과 자기주도적 경력 관리의 관계, 프로티언 경력 태도와 여타 변인들의 직간접적 관계를 확인하고 종단 설계, 다수준 분석 방법 등을 활용한 연구들이 후속적으로 더욱 활발히 이루어질 필요도 있음을 확인하였다. 또한 프로티언 경력 태도 자체가 실제 행위를 의미하는 것은 아니라는 한계점이 있는데[Briscoe et al., 2006], 국내 연구들 역시 김수진과 이주일[2016], 김태희 외[2014], 신수림과 정진철[2014]을 제외하고는 프로티언 경력 태도가 실제 경력개발 및 관리를 위해 어떤 행위를 촉발하게 되는지에 대해 다루고 있지 못하다는 한계점도 있다. 따라서 향후에는 프로티언 경력 태도와 함께 실제 경력개발 행위들[예: 경력 계획 수립, 네트워크 구축, 기술 개발, 학습 실행 등]의 관계도 고려되어야 할 것이다.

Inkson[2006]은 새로운 경력 개념으로 대변되는 프로티언 경력과 무경계 경력을 하나의 메타포로 보았다. 다시 말해 이것들은 경력이라는 추상적 개념에 대한 현재 상황에 대한 이해를 돕고, 새로운 통찰력을 준다는 것이다. 하지만 메타포는 대상에 대한 대중들의 흥미와 이해력을 고취시키는 데 매우 유용하지만, 현상 자체를 과도하게 단순화하는 것일 수도, 심지어 진실되지 않은 것일 수도 있다[Locke, Inkson, 2006 재인용]. 국내외 연구자들은 현대적 경력의 대표적 메타포인 프로티언 경력에 많은 관심을 갖고 현대의 경력개발에 관한 연구를 다수 시행하여 연구 대상과 맥락에 적합한 다양한 처방, 개입 활동을 제안하였다. 하지만 대부분의 연구가 양적 연구로 이루어지고 있다는 것은 메타포의 과도한 사용과 실제 현상에 대한 일그러진 인식을 유발할 수도 있다는 우려를 갖게 한다. 따라서 우리는 현대인들이 경력 개발 및 관리를 어떻게 이루어 나가는지에 대한 현상학적 연구에도 관심을 기울일 필요가 있을 것이다.

참고문헌

고윤승(2016). 성인학습자의 프로틴 경력과 무경계 경력이 주관적 경력성공에 미치는 영향. 한국과학예술포럼, 26, 13 – 29.

고종식(2014). 프로틴 경력태도가 직무만족과 조직몰입에 미치는 영향에 관한 연구: 경력장애의 조절효과와 경력몰입의 매개효과를 중심으로. 경영교육연구, 29(2), 86 – 108.

권재용, 이동영, 전병렬(2017). 경쟁고용 장애인근로자의 주관적 경력성공에 대한 영향요인 분석: 개인 및 조직특성에 대한 다층분석의 적용. 한국사회정책, 24(1), 33 – 66.

김나정, 차종석(2014). 한국 직장인의 경력성공에 대한 탐색적 연구: 성별, 나이별 및 학력별 차이. 한국성인교육학회 봄 학술대회 발표 논문 자료집, 113 – 135.

김병숙, 이희수, 송영선(2015). 서울시 여성인력개발기관 종사자의 프로틴 경력태도와 주관적 경력성공의 관계에서 경력연계학습의 매개효과. 직업교육연구, 34(4), 25 – 50.

김선자, 최성우(2015). 초등 교사의 평생학습 참여 경험, 프로티언 경력 태도 및 주관적 경력 성공 간의 관계. 평생교육·HRD연구, 11(1), 71 – 94.

김성국, 김태은(1999). 경력(Career) 개념의 변화와 미래 방향에 관한 이론적 고찰. 經營論叢, 17(1), 5 – 29.

김수진, 이주일(2016). 주도성 및 개방성과 시간조망 및 프로틴 경력지향이 미래경력설계에 미치는 영향. 한국심리학회지: 산업 및 조직, 29(2), 303 – 326.

김시진, 김정원(2010). 프로틴 경력태도, 무경계 경력태도 및 주관적 경력성공의 관계분석. 대한경영학회지, 23(4), 1899 – 1915.

김은석, 정철영(2011). 대기업 사무직 근로자의 프로테우스적 경력 태도와 개인 및 조직 특성의 위계적 관계. 농업교육과 인적자원개발, 43(2), 171-189.

김이준(2017). 프로티언 경력태도를 지닌 1인 기업가의 진로선택경험에 대한 내러티브 탐구. 한국심리학회 학술대회 자료집, 250.

김인숙, 정민(2017). 평생교육 종사자의 프로틴 경력태도가 직무만족에 미치는 영향: 조직지원과 가족지지의 매개효과를 중심으로. 순천향 인문과학논총, 36(1), 67-95.

김정은, 홍아정(2012). 호텔 종업원의 프로틴 경력 태도가 직무만족과 이직의도에 미치는 영향: 조직지원의 매개효과를 중심으로. 한국HRD연구, 7(1), 67-91.

김태희, 이형국, 장경로(2014). 운동선수들의 경력태도가 경력관리행동 및 경력적응력에 미치는 영향. 한국스포츠산업·경영학회지, 19(6), 85-100.

김희동, 남수미, 현영섭(2015). 평생교육 담당자의 직무특성, 프로틴 경력태도, 자기효능감의 관계. 평생교육학연구, 21(4), 169-194.

노경란, 허선주, 임현선(2014). 여성의 취업경험별 프로티언 경력태도에 미치는 영향 변인 분석. 직업교육연구, 33(4), 31-50.

박규은, 이수범(2014). 외식기업의 학습조직문화가 프로티안경력지향성 및 경력만족에 미치는 영향. 한국호텔외식경영학회 추계정기학회 학술발표논문집, 181-192.

박용호, 이진구, 윤형준(2011). Assessing the psychometric properties of the protean career attitude scale in Korean business context. 산업교육연구, 22, 29-45.

박용호, 한억천(2013). 기업의 학습조직 구축정도, 자기주도 학습능력, 프로티언 경력태도의 구조적 관계. HRD연구, 15(2), 53-79.

박용호, 한억천(2015). 프로티언경력태도와 무경계경력태도가 조직몰입에 미치는 영향. 한국HRD연구, 10(3), 33-62.

박윤희, 정홍전, 오미래(2017). 프로티언 경력 연구동향. 한국HRD연합학술대회 자료집(서울특별시인재개발원), 207-222.

박혜영(2015). 항공사 객실승무원의 프로틴 경력태도가 주관적 경력성공에 미치는 영향: 경력몰입의 매개효과를 중심으로. 한국항공경영학회지, 13(1), 3-23.

박혜영, 박용호(2015). 프로티언경력태도, 주관적 경력성공, 조직몰입의 구조적

관계: TMX의 매개효과를 중심으로. HRD연구, 17(4), 19－45.

배을규(2009). 인적자원개발론. 서울: 학이시습.

배을규, 이민영, 김대영(2014). 문화예술교육 전문 인력의 프로티언 경력 태도 가 경력 만족에 미치는 영향: 자기주도학습 능력의 조절 효과. Andragogy Today: IJACE, 17(1), 91－113.

배을규, 이민영, 장민영, 김정원(2014). 중소기업 구성원의 프로티언 경력태도 와 주관적 경력성공의 관계에서 자기주도학습 능력의 매개효과: 중소기업 핵심직무능력향상 지원사업 참여업체를 중심으로. HRD연구, 16(1), 1－25.

신소연, 탁진국(2017). 내적 일의 의미, 자기주도적 경력태도, 주관적 경력성공 의 관계: 경력지원 멘토링의 조절효과. 한국심리학회지: 산업 및 조직, 30(1), 1－24.

신수림, 정진철(2014). 산업체 종사자의 주관적 경력성공과 고용안정성, 조직 경력관리지원, 프로틴 경력태도, 프로틴 경력관리행동의 인과적 관계. 농업 교육과 인적자원개발, 46(2), 183－213.

이경은(2016). 저비용항공사 에어스케이프, 브랜드 인식, 주관적 경력성공 간 구조적 관계. 관광연구저널, 30(7), 157－174.

이봉선, 김경영, 박계영(2017). 외식업 종사원의 프로티안 경력태도가 학습조 직문화와 경력성공에 미치는 영향. 관광연구저널, 31(6), 195－206.

이봉선, 김경영, 최유미(2017). 외식업 종사원의 프로티안 경력태도가 조직유 효성에 미치는 영향. 관광레저연구, 29(5), 353－367.

이재봉, 진성미(2011). 군 장교의 프로틴 경력지향성이 주관적 경력성공에 미 치는 영향. 산업교육연구, 22, 89－112.

이재봉, 진성미(2012). 직업군인의 자기주도적 경력관리가 주관적 경력성공과 조직효과성에 미치는 영향: 프로틴 경력태도 관점의 한·미군 비교. 국방정 책연구, 28(3), 145－173.

이재현, 오장용(2013). 사회복지사의 주관적 경력성공에 대한 개인 및 조직 수 준 영향요인에 관한 연구. 한국사회복지조사연구, 38, 47－73.

이호주, 장원섭(2014). 대졸 초기경력자의 프로티언 경력지향성이 개발지원 관 계망 특성을 매개로 개발지원 기능에 미치는 영향. 한국HRD연구, 9(3), 73－95.

전희정, 이동영(2016). 사회복지사의 경력몰입 결정요인에 대한 다층분석연구. 한국콘텐츠학회논문지, 16(1), 190－203.

조형래, 박용호(2017). 대학생의 진로성숙도가 프로티언 경력태도와 주관적 경력성공에 미치는 영향. 한국콘텐츠학회논문지, 17(9), 212－224.

황애영, 탁진국(2011). 주도성이 주관적 경력성공에 미치는 영향: 프로틴 경력지향을 매개변인으로. 한국심리학회지: 산업 및 조직, 24(2), 409－428.

Akkermans, J., & Kubasch, S. (2017). Trending topics in careers: A review and future research agenda. *Career Development International*, *22*(6), 586－627.

Baruch, Y., & Vardi, Y. (2016). A fresh look at the dark side of contemporary careers: Toward a realistic discourse. *British Journal of Management, 27*, 355－372.

Briscoe, J. P., & Finkelstein, L. M. (2009). The "new career" and organizational commitment: Do boundaryless and protean attitudes make a difference?. *Career Development International*, *14*(3), 242－260.

Briscoe, J. P., & Hall, D. T. (2002). *The protean orientation: Creating the adaptable workforce necessary for flexibility and speed*. Paper presented at the annual meeting of the Academy of Management, Denver.

Briscoe, J. P., & Hall, D. T. (2006). The interplay of boundaryless and protean careers: Combinations and implications. *Journal of Vocational Behavior, 69*, 4－18.

Briscoe, J. P., Hall, D. T., & DeMuth, R. F. (2006). Protean and boundaryless careers: An empirical exploration. *Journal of Vocational Behavior, 69*, 30－47.

Clarke, M. (2013). The organizational career: not dead but in need of redefinition. *The International Journal of Human Resource Management*, *24*(4), 684－703.

Greenhaus, J. H., Callanan, G. A., & Godshalk, V. M. (2000). *Career management* (3rd eds.). Fort Worth, TX: Harcourt College Publishers.

Grimland, S., Vigoda−Gadot, E., & Brauch, Y. (2012). Career attitudes and success of managers: the impact of chance event, protean, and traditional careers. *The International Journal of Human Resource Management, 23*(6), 1074−1094.

Hall, D. T. (1976). *Careers in organizations.* Glenview, IL: Scott, Foresman.

Hall, D. T. (1996). Protean careers of the 21st century. *Academy of Management Executive, 10*, 8-16.

Hall, D. T. (2002). *Careers in and out of organizations.* Thousand Oaks, CA: Sage.

Inkson, K. (2006). Protean and boundaryless careers as metaphos. *Journal of Vocational Behavior, 69*, 48−63.

Kuro, L. K., Schweitzer, L., Lyons, S., & Ng, E. S. (2016). Career profiles in the new career: Evidence of their prevalence and correlates. *Career Development International, 21*(4), 355−377.

Nicholson, N. (1996). Career systems in crisis: Change and opportunity in the information age. *Academy of Management Executive, 10*(4), 40−51.

Rodrigues, R., Guest, D., Oliveira, T., & Alfes, K. (2015). Who benefits from independent careers? Employees, organizations, or both?. *Journal of Vocational Behavior, 91*, 23−34.

Supeli, A., & Creed, P. A. (2016). The longitudinal relationship between protean career orientation and job Satisfaction, organizational commitment, and intention−to−quit. *Journal of Career Development, 43*(1), 66−80.

Verbruggen, M., & Sels, L. (2008). Can career self−directedness be improved through counseling?. *Journal of Vocational Behavior, 73*, 318−327.

03

CAREER DEVELOPMENT

사회적 맥락에서의 경력개발

: 고학력여성 경력개발의 사례를 중심으로[1]

김효선[2]

SUMMARY

인간의 경력을 이해하기 위해서는 현재 조직뿐 아니라 그를 둘러싼 여러 장과 개인의 삶에서의 연속적인 역할, 그 역할을 둘러싸고 있는 사회문화적 맥락을 이해하는 것이 필요로 하다. 우리의 각 삶의 영역들 —가정, 일터, 지역사회, 학교— 은 분리된 개별영역이 아닌 서로 서로 연결되어 있어 개인의 삶에 영향을 미치고 있다. 조직 또는 국가 차원에서 인력을 개발하기 위해서는 개인의 경력에 대한 이해가 단편적이지 않고 그들의 삶의 맥락에서 조정되고 이해된다면, 더 효과적인 경력개발을 위한 정책입안이 가능할 것이다. 이를 위한 이론적인 틀로서 본 연구는 발달론적 관점과 사회구성체적 관점을 탐색한다. 또한, 그에 대한 예시로서 고학력 여성의 경력개발에 관한 연구를 사례로 제시하고자 한다. 여성의 사회적 맥락에서의 역할을 이해함으로써 여성의 직업 선택 및 장애, 여성의 일과 삶의 조화 및 일-가정의 양립지원과 여성차별 완화정책을 위해 유의미한 이론적 바탕을 제공할 것이다.

KEY WORD   사회적 맥락, 사회구성체적 접근, 발달론적 접근, 고학력 여성의 경력개발

---

1 이 장은 2015년 대한민국 교육부와 한국연구재단의 지원을 받아 수행된 연구(NRF -2015S1A5A8017283) 중 일부를 발췌하여 사용하였음.
2 상명대학교 교수(hyosunk@smu.ac.kr).

01 서론

경력^{Career}의 어원은 라티어의 Carrus로 바퀴가 달린 ^{경주용} 마차[3]라고 알려져 있으며 racetrack과 course of life라는 의미로 초기 영어에서는 사용되었다. '예측할 수 없는 길을 빠르게 달리다'라는 뜻을 가지고 있기도 하다^{Super, 1980}. 불확실한 사회에서 경력을 개발하는 것은 우리의 삶을 보다 정교화 하고 개인과 조직에게 보다 효과적인 경로를 제시하고 운영할 수 있도록 하는 중요한 일이다. 조직 내에서 경력개발이라는 것은 새로운 경력개발의 패러다임 속에서 예전보다 더 중요해진 것이 분명하지만, 조직의 성장이 우선이기 때문에 많은 연구자들이나 인적자원담당자들은 개인의 경력이 어떻게 만들어져왔고 어떻게 만들어지는가에 대한 과정에 대한 탐구보다는 어떻게 인간의 경력을 더 효과적으로 관리 및 극대화할 수 있는가에 집중해왔다.

그러나 최근 많은 학자들은 '프로티언 경력^{protean career}'의 등장으로 경력 성공에 대한 관점의 변화로 경력개발에 대한 관점도 바뀌고 있다고 이야기한다^{김흥국, 2000; 장원섭, 2011}. Hall¹⁹⁹⁶이 주창한 '프로티언 경력^{protean career}'이 전 생애에 걸친 주관적·심리적 성공을 추구하고, 개인 주도적으로 경력개발에 주안점을 두고 있다면, 개인적인 측면에서 경력개발의 과정을 어떠한 관점으로 이해하는가는 매우 필수적인 요소이다.

Super의 생애기반 경력개발 이론^{career development with Lifespan perspective}은 경력을 생애에 지속되는 하나의 과정으로 보고 사회적 장^{場; place}과 그 역할에 대해서 강조하고 있다. 따라서 인간의 경력을 이해하기 위해서는 현재 조직뿐 아니라 그를 둘러싼 여러 장과 개인의 삶에서의 연속적인 역할, 그 역할을 둘러싸고 있는 사회문화적 맥락을 이해하는 것이 필요

---

3 Carrus의 어원은 weelded vehicle이란 뜻으로 car의 어원이기도 하다.

로 하다. 예를 들어, 우리나라의 고학력 여성의 경력개발의 경우 인적자
본이론으로 설명이 되지 않는 특이한 경우이다. 교육에 투자할수록 양질
의 고용기회와 임금인상이 이루어져야 하지만, 취업률과 임금이 남성에
비해 낮다[김효선, 2013]. IMF[2015]의 최근 보고서에 따르면 일본과 함께 우리나
라 여성은 M자로 고용형태를 보이는 대표적인 나라로 결혼을 통해 경력
이 단절되고 장애가 되고 있음을 지적하였다. 이처럼 우리나라에서 고학
력 여성의 경력개발은 여성이 가지고 있는 사회문화적 맥락에 의거하여
남성들, 혹은 기존의 경력개발 이론에서 이야기하는 것보다 더 역동적이
며 더 다양하게 나타날 수 있다.

그러므로 '03 사회적 맥락에서의 경력개발'에서는 개인의 경력개발을
이해하는 데 유용한 접근으로서 발달론과 사회구성체적 관점에 대한 이
론을 탐색하고 한 예시로서 고학력 여성의 경력개발에 관한 연구를 사례
로 제시하고자 한다. 이 장은 개인의 경력개발을 발달론적 관점에서 개
인의 여러 장[place]에서의 역할과 사회적 맥락에서 이해함으로써 여성의
직업선택 및 장애, 여성의 일과 삶의 조화 및 일 – 가정의 양립지원과 여
성차별 완화정책을 위해 유의미한 이론적 바탕을 제공할 것이다.

02 경력개발의 발달론적 관점

경력개발에 대한 발달론적 견해에 대해서 Super의 기여도가 크지만, 그
기원을 조금 더 올라간다면 Erickson과 Levinson의 성인발달에 대한 이해
와 Ginzberg의 경력개발이론에 뿌리를 두고 있어 먼저 살펴보고자 한다.

Freud의 제자였지만 Erikson은 인간의 심리사회적 발달이 유년기에 결
정되는 것이 아닌 성인이 되어서도 지속적으로 발달한다고 보고, 그 단
계를 8단계로 나누었다. 성인기에는 친밀감[intimacy], 생산성[generativity], 자아

통합$^{ego\ integrity}$을 형성하는 것이 주요 쟁점으로, 조직에서는 사원들의 발달단계를 이해한다면 이러한 것을 유도하도록 개입을 해줄 수 있다. 예를 들어, 초기 성인기에서는 친밀감을 확립하는 것이 중요하다면 신입사원들이 입사 시 유의미한 인간관계를 통해 친밀감을 형성하고 자신의 일에 대한 이해와 앞으로의 적응력을 높여주기 위한 멘토링이 유의미하게 사용될 수 있다. 에릭슨은 개인이 직면한 개발의 이슈들은 예견이 가능한 순서가 있다고 언급하였다. Levinson[1978]은 미국에서 성공한 백인 남성을 대상으로 그들이 어떻게 성공한 삶을 살았는가에 대한 정보를 분석하였고, 그 결과 성인발달을 은유적인 표현으로 '계절^{season}'에 비유하였다. 후에 자신의 부인과 함께 여성을 대상으로 연구를 하였지만 성인발달에 대한 그의 입장에는 큰 차이는 없다고 보았다. 그는 주로 성인의 삶은 인생 주기$^{life\ cycle}$라는 것이 있으며, 봄-여름-가을-겨울로 성인기를 나누고 이 계절이 변할 때마다 생애 구조$^{life\ structure}$도 변화하며 계절과 계절 사이에는 우월하고 열등한 계절은 없다고 이야기하였다. 우리는 각 계절에 진입할 때마다 과도기를 거치게 되며, 이를 통해 성장하고 다시 안정기를 갖는다고 언급하였다. 이는 Erikson과 같이 인간의 삶을 통해 우리가 변화하고 성장하는 존재라는 것은 인정하지만 사회심리적 특성뿐 아니라 도덕성, 인지 등 다양한 영역에서의 우리의 삶의 변화가 생애 구조를 재구성하는데 이는 직선적인 순서보다는 일정한 순서$^{과도기-안정기-과도기}$가 번복하여 일어나는 구조라고 언급하였다$^{<그림\ 1>\ 참조}$.

그림 1   Levinson의 생의 계절

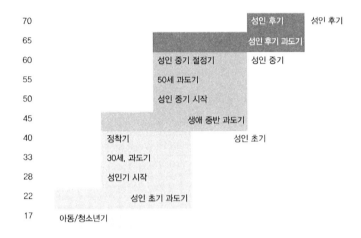

출처: Levinson(1978).

위의 발달론을 기초로 Ginzberg는 본격적인 경력개발의 이론을 수립하기 시작했다. 단순히 개인의 특성과 직업의 특성을 매칭하는 특성요인을 비판하고, 직업에 대한 태도, 지식, 기능은 아동기부터 일련의 단계를 거쳐 발달하는 것으로 간주하였으며, 이에 따라 나이가 들수록 자신의 직업 및 진로에 대한 의사결정은 나이가 들수록 발전한다고 보았다. 직업선택이 장기간에 걸친 일련의 의사결정과정이며, 개인의 바람과 가능성의 타협과정으로 보았으며 진로발달을 일종의 의사결정과정의 연속으로 판단하였다. 예를 들어, 아동의 경우 자신의 미래의 직업에 대해서 막연한 환상을 갖고 직업을 인식하는 시기를 거쳐 흥미와 능력을 고려하고 진로에 대한 개념이 성숙해질수록 개인적 요소와 사회적 요소를 고려하여 결정화하고 구체화 한다고 지적하였다.

Super의 경우 Ginzberg와 기본적인 이론적 기초는 유사하지만, 구체화하여 직업의 세계로 간 이후에도 은퇴 후에도 꾸준히 경력개발이 이루어 진다고 보았다. 즉, 한 개인이 생애 과정으로서 개인이 일생 동안 일련의 발달과업에 직면하고 그 과정에서 자신이 원하는 모습의 사람이 되는 방 식으로 발달과업을 수행하려고 하는 것을 경력개발으로 규정하였다. 또 한, 경력발달이라는 것이 일터에서만 이루어지는 것이 아닌 개인의 삶의 다양한 영역과 역할로부터 온다고 지적하였다[Super, 1980].

표 1 Super의 경력개발 모형

	Career Stage			
	Exploration ▶	Establishment ▶	Maintenance ▶	Disengagement
Developmental Tasks	Identify interests, skills, fit between self and work	Advancement, growth, security, develop lifestyle	Hold on to accomplishments, update skills	Retirement planning, change balance between work and nonwork
Activities	Helping Learning Following directions	Making independent contributions	Training Sponsoring Policy making	Phasing out of work
Relationships to Other Employees	Apprentice	Colleague	Mentor	Sponsor
Typical Age Years on Job	Less than 30 Less than 2years	30−45 2−10years	45−60 More than 10years	61+ More than 10years

Super는 인간의 삶을 종단Life span과 횡단적 측면Life Space으로 구분하여 다른 개념으로 사용하였다. 또한, 두 개의 개념에는 개인적·사회적으로 영향을 미치는 요인들이 존재한다고 지적하였다Super, 1980. 사람들은 성숙한 존재로서 다양한 역할을 한다. 예를 들어, 자녀, 학생, 직장인, 부모, 심지어 연금을 수급하는 사람까지 다양한 역할을 수행하고 있다. 어릴 때는 한 가지의 역할만 하기도 하고 나이가 들고 또는 삶의 영역이 바뀌면서 우리는 다양한 역할들을 동시에 수행하기도 한다. Super의 경우 우리가 살아가면서 하는 역할과 주요 활동무대를 9개의 주요 역할과 4개의 주요 무대로 설명하였다. 1) 자녀아들의 역할과 딸의 역할을 포함함 2) 학생, 3) 여가를 즐기는 것 4) 시민 5) 직장인비고용 노동자나 포함하는 개념임 6) 배우자, 7) 가정주부 8) 부모 9) 연금수급자로 구분하였다. 이러한 역할은 다시 모든 사람들이 이러한 역할을 다 수행하는 것은 아니며 삶의 단계에 대략 맞추어 제시하려고는 하였지만 그 순서가 개인에 따라 다르게 나타날 수도 있다고 언급하였다. 또는 9개의 역할 외에 우리는 애인 혹은 종교인 등 다양한 역할로 무대에 존재한다. 대표적인 4개의 무대는 집, 지역사회, 학교, 그리고 일터이다. 이 무대는 개별적이기도 하고 중첩이 될 수도 있다. 예를 들어, 집에서는 부모만 있는 것이 아닌 자녀, 노동자만약, 집을 돌보는 사람을 고용한다면가 있을 수 있다. 각각의 역할은 또한 성역할과 연결gender-linked되어 있다. 여기서 역할이라는 것은 고정된 실체가 있는 것이 아닌 그 "장Theather"과 그 장이 놓여져 있는 사회적 맥락에 의거하여 기대하게 되는 역할이 개인에게 생긴다는 것이다. Super는 역할이라는 것은 무대에 캐스팅될 때 수행하기로 한 직위position로 역할에 대해서 타인이 그 직위를 수행하기에 기대하는 것들의 일련의 합이라고 정의하였다. 역할을 정의하는 데 있어 기대expectation와 성과performance를 사용하였다. 기대는 관찰자장의 타인가 기대하는 것이며 동시에 역할을 수행하는 희극인a player이 개념화 하는 것이라고 정의하였다. 성과에 대해서는 1) 기대를 만족 또는 충족시키는 역할을 수행하고 2) 역할 형성Role shaping을 통해 자신의 역할에 대한 개념을 그 역할에 알맞게 조정해나가는 것으로 설명하였다 Super, 1990. 특히, 역할을 형성하는 것은 개인적 그리고 사회조직 맥락적인 역할 결정자들을 종합한 행동의 결과라고 할 수 있다. 이러한 4개의 장과 9개의 역할로 우리의 Career에 대해서 설명한 Super는 이러한 장들과 그곳에서의 역할이 분리된 것이 아닌 서로서로가 연결되어 있는 것으로 규정하였다. 예를 들어, 직장에서의 역할 조정을 통해서 가정에서도 만족감을 가질 수 있다고 지적하였다. 일과 삶의 조화Work-Life Balance라는 것에 Super의 이론을 적용해서 논의하면, 가정이라는 영역과 일터라는 영역에서의 서로의 성공을 가져오기 위해서 각각의 장에서의 역할을 조정할 필요가 있는 것이다. 예를 들어, Bank of America에서 일과 삶의 조화를 위한 프로그램으로 업무시간을 유동적으로 하고 LifeWork 프로그램으로 사원들이 자신의 개인적인 삶에서도 책임을 다할 수 있도록 전문가로부터 상담을 받거나 조언이나 관련 세미나를 열게 하는 것이 직원들의 일에 대한 몰입이나 자신의 경력개발에 더 동기부여가 되었다는 것이다 Noe, 2008. 직원들이 삶에서 직장상사의 사회적 지지보다 때로는 가족들의 지지가 더 큰 힘이 되기도 하며Friedman & Greenhaus, 2000 또한, 지역사회와 일터의 역할이 서로 조화를 이루는 것이 건전한 시민의 형성과 일터의 지역사회에 대한 사회적 책임감을 다할 수 있는 중요한 요소이다.

<그림 2>에서 보이는 것처럼 우리의 삶의 단계 단계에서 이루어지는 경력개발은 횡단적인 측면에서 이해할 것이 아닌 종단적인 측면에서 개인의 삶의 이해하고 또한 그 삶이 놓여 있는 사회적인 장-사회문화적 특성이나 고용의 구조, 학교, 가정, 지역사회에 대해서도 이해할 필요가 있다.

그림 2 Super의 Life-Career Rainbow

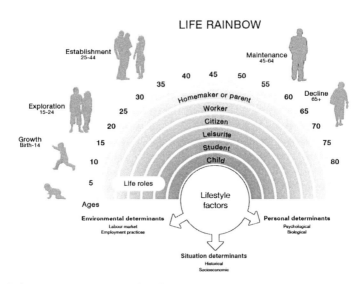

출처: Super, D. & Minor, F. (1987). Career development and planning in organizations. In B. M. Bass, P. Drenth, P. Weissenberg (Ed.), Advances in Organizational Psycho logy(pp. 83-96), Beverly Hills, CA: Sage.

03 경력개발의 사회구성체적 관점

　경력개발의 Super의 생애주기를 기반으로 다양한 역할과 장에 대한 이해는 1990년 후반에 들어 사회구성체적 관점으로 진화되었다. 사회구성체적인 접근은 Savickas[1997]가 Super의 이론을 바탕으로 경력개발을 위해 학습이나 직업을 결정하는 과정은 일종의 사회문화적 맥락에 대한 적응의 과정이라고 언급하면서 시작하였다. 그는 사회인지이론과 구성주의적 관점을 Super의 이론에 적용하면서 맥락적인 이해를 구체화하였다. 그는 개인의 경력개발을 이해하기 위해서 개인적 차별성, 자아, 발달, 맥락에 기초해야 한다고 지적하고 있다. 개인적인 차별성은 개인의 경력개발을 위해서 필요한 기술과 태도를 습득하여 자신이 처한 상황에 적응하는 객관적인 목적이며, 자아에 관한 것은 직업관련 자아개념 및 가치를 자신의 현실세계와 조화를 이루는 것으로 주관적인 목표라고 규정하였다. 발달론적 접근은 삶의 과정에서 역할과 적응과정을 강조하였다. 맥락적인 접근은 발달론적 접근에 동의하지만, 삶에 적응하고 성장하는 그 과정에서 개인이 어떠한 역사문화적 상황에 직면해 있는가가 경력개발에 영향을 준다고 보고 있다. 그는 경력개발 이론에 있어 위 네 가지 관점을 통합해야 한다고 지적하였다[Savickas, 1997].

그러나 최근 이론에서는 인간의 발달이라는 것이 역동적이며 동시에 변증법적인 사고과정을 동반하기도 해서 기존의 Super[1953, 1980], Super, Savickas, & Super[1996]에서 이야기하는 것처럼 예측가능하고 규범적인 연령에 대한 규제와 발달단계가 반드시 순서를 동반하지 않는다고 이야기한다[Mahoney, 2003]. 따라서 경력발달에 있어 연령이나 발달 단계에 대한 순서보다는 '경력개발을 위해서 무엇을 하는가', '왜 그렇게 해야 하는가'에 대한 구성의 과정을 중요하게 생각한다. 경력개발은 하나의 활성화된 과정[an active process]으로서 개인이 어떻게 작고 큰 집단과 상호작용하며, 역사, 문화, 그리고 다른 여러 변인들과 영향을 주고받고 함께 세상을 만들어 나가는 것이라고 지적하였다. 사회구성체주의자들은 문화적 맥락에서의 관계를 중시하며 개인을 문화적 산물로 바라보기보다는 문화에 의해서 창출된 것으로 규정하였다. 즉, 복잡한 관계망 안에서 문화에 의해서 만들어지는 존재로 인식하고 있다. 일터의 영역에서 여러 관계들이 상호작용하는 것은 사회구성체적에서의 문화의 의미를 적용하고 해석하는 것은 매우 강력한 수단으로 볼 수 있다[Stead, 2004]. 사회구성체적 관점에서의 경력을 생태학적 사회에서의 경력개발로 규정하기도 하였다[Cook, Heppner,

O'Brien, 2002. 그들은 미국에서 백인 및 유색인종 여성 간의 경력개발에 대한 차이를 연구하면서 개인이 그들이 직면한 사회와 어떻게 상호작용하면서 경력을 개발해 나가는가에 대해서 논의하였다. 이렇듯, 인간의 경력개발을 삶의 단계에 따른 종단적·횡단적 역할과 장으로 이해했던 Super의 이론은 2000년대에 이르러 사회구성체적 접근이나 생태학적 접근을 통해 개인의 경력개발에서 역할과 장을 둘러싸고 있는 사회문화적 맥락에서 이해하려는 다양한 이론으로 확장되었다.

04 여성 경력개발의 맥락적 이해
: 고학력 여성을 중심으로

앞서 개인의 경력개발에 영향을 미치는 요인으로 발달론적 접근과 사회적 맥락의 중요성에 대해서 논의하였다. 이는 여성의 경력개발을 이해하는데 중요한 이론적 근거를 제공한다. 여성의 경력개발에 대해서 많은 경력개발 관련 학자들이 주목한 것은 기존의 경력개발의 이론이 여성에게는 적용되지 않는 여성만의 특성이 있다고 지적하였다. 전통적인 경력개발이론가들은 여성과 남성이 선호하는 학업 및 직업의 유형과 직업적 가치에 차이를 보이며 남성들보다 타인과의 관계 속에서 직업의 가치를 찾고, 직업의 내재적 가치를 더 선호하는 것으로 보고하였다[Morgan, Isasac, & Sansone, 2001]. 또한, 여성의 경력개발은 남성에 비해서 선형으로 이해하기 어렵고 가족이나 사회구조적 장벽에 의해서 쉽게 경력이 단절되는 편이라고 지적하였다[Betz, 2002]. 기존 연구들이 대다수의 노동시장을 차지하는 남성대상 연구를 기반으로 하고 있기 때문에 여성이 지니고 있는 혹은 직면한 특수성을 반영하기 어려우며, 그 이론을 적용하여 현상을 설명하기 어렵다고 지적하고 있다[Cook, Heppner, O'Brien, 2002; Betz, 2002; Kim & Song, 2013].

하나의 예시로서 우리나라 고학력 여성의 경력개발을 어떻게 사회문화적 맥락에서 설명할 수 있는지 선행연구를 소개하고자 한다. 고학력 여성은 현재에는 그렇게 어색하지 않은 용어일 수 있으나 우리나라 근대 사에서 여성이 남성과 고등교육기회에 대한 평등성을 획득한 것은 불과 10여 년 밖에 되지 않았다. 굉장히 빠른 속도로 여성의 고등교육에 대한 접근은 가속화 되었고 박사급 여성에 대해서도 마찬가지이다. 특히, 여성들이 선호하는 인문사회계열의 경우 박사학위 취득률이 남성을 앞서고 있지만 박사인력을 필요로 하는 주요 기관으로 대학, 연구소 등의 기관에서 정규직으로 고용된 여성박사의 비율은 학위 취득률에 비해 저조한 편이다[김효선, 2013].

　Kim & Yoon[2017]의 최근 연구는 미국에서 박사학위를 받은 우리나라 여성 14인을 대상으로 박사 취득 이후 초기 노동시장의 진입과 경력개발의 과정에 대해서 심층 인터뷰를 통해 자료를 수집하고 분석하였다. 미국에서 박사학위를 받은 인문사회계열 박사 14인을 대상으로 한 연구에서는 졸업 전까지 여성들이 자신들의 교육적, 직업적 전망에 사회문화적 장애가 중요한 요소가 아니라고 인식했던 여성들이 학위 취득 후에는 직업선택에 있어 사회문화적 장벽과 적응과정을 필요로 하였다. 응답자들은 결혼 여부와 상관없이 결혼이 진로개발 시 장애요인이라고 인식하였는데, 기혼은 자신의 가정과 육아에 대한 책임감과 미혼은 유교적 가치관 속에서 사회적 약자로 인식하고 있었다. 이러한 사회문화적 환경에서 기혼 여성들은 직업선택 횟수가 높아질수록 경력하향downward career mobility 성향이 미혼과 달리 나타났으며 그 과정에서 경력에 대한 기대저하와 심리적인 우울증상이 나타난 여성도 있었다. 사회적 환경에서의 배우자와 부모특히 아버지의 영향력이 여성 박사들의 경력개발을 저해하는 요인으로 나타났다. 연구에 참여한 여성 박사들의 자신의 부모가 학위를 취득하고 교육을 받는 데 있어서는 성역할에 대한 고정관념이 많이 완화되었음에도 불구하고, 노동시장에서의 지위에 대해서는 상대적으로 불평등한 인식이 남아있다고 보고하였다. 자신의 경력개발보다는 가족관계 안에서의 여성으로서의 가사와 일터에서의 경험은 그들을 노동시장에서 스스로 배제시키기도 하고 지리적 선택을 제약하기도 하였다. 이러한 인식은 고학력 여성의 경력개발에 장애가 될 뿐만 아니라 부가적으로 여성의 직업선택에 대한 지리적 변화에도 영향을 주고 있었다[Yoon & Kim, 2018]. 이러한 과정에서 여성의 직업의 선택과 경력의 개발에는 개인의 정서적 특성이나 재능보다는 오히려 사회문화적인 환경이 영향을 주고 있는 것으로 볼 수 있다. 고학력여성이 성장하고 더 많은 사회적 장을 가지고 있을수록 환경적인 장벽이 개인의 직업의 선택과 경력개발의 과정에 영향을 주었다. 발달론적 관점에서 여성은 자신의 역할에 대한 균형과 발달과업에 대한 책임감 때문이라고 볼 수 있으며[Cook, Heppner, & O'Brien, 2002], 결혼이라는 새로운 경험을 통해서 기혼여성과 미혼여성의 직업에 대한 태도 및 전망이 변화하고 Lent[2005]가 언급하듯이 인간의 직업적 전망과 선택에 있어서는 맥락적인 요소가 중요하게 영향을 미치기 때문이다. 하지만 이런 맥락적 요인들은 그 사회가 가지고 있는 역사적·문화적 특수성을 반영하고 있다. 그들은 Betz[2008]가 지적한 것처럼 결혼한 여성은 다양한 역할에 대한 혼돈과 갈등으로 경력개발에 장애를 겪으며 이 과정에서 우리나라 사회가 인식하는 여성의 상, 여성의 역할이 작용하였다고 볼 수 있다.

위의 연구결과에서 보이듯이 여성의 경력개발은 여성이 직면한 특성이 있으며 여성과 남성이 선호하는 학업 및 직업의 유형과 직업적 가치에 차이를 보이며 남성들보다 타인과의 관계 속에서 직업의 가치를 찾고, 직업의 내재적 가치를 더 선호하는 것으로 보고하였다[Morgan, Isasac, & Sansone, 2001]. 이러한 차이는 여성이 남성에 비해서 경력개발의 과정이 선형으로 이해하기 어렵고 가족이나 사회구조적 장벽에 의해서 쉽게 경력이 단절되는 편이라고 지적하였다[Betz, 2002].

05 논의

우리는 개인의 경력 개발이라는 것이 오랜 시간에 걸쳐 다양한 사회적 맥락을 통해 발달되어 왔음을 알게 되었다. 우리의 삶의 이 길은 갑자기 등장한 것이 아니라 그 길에 다양한 역할과 배경이 바뀌곤 한다. 마치 한 장소에 가만히 있다 하더라도 봄, 여름, 가을, 겨울에 따라 길의 풍경이 달라지고 이에 따라 우리들의 해야 하는 일들도, 입어야 할 옷들도 변화하듯이 사회문화적인 영향과 개인의 역할이 서로 상호작용하며 만들어진다고 할 수 있다. 이에 의거하여, 각 삶의 영역들 ―가정, 일터, 지역사회, 학교― 은 분리된 개별영역이 아닌 서로 서로 연결되어 있어 개인의 삶에 영향을 미치는 것을 알 수 있었다. 조직 또는 국가 차원에서 인력을 개발하기 위해서는 개인에 경력에 대한 이해가 단편적인 것이 아닌 그들의 삶의 맥락에서 조정되고 이해된다면, 더 효과적인 경력개발을 위한 정책입안이 가능하리라 본다.

예를 들어, 2006년도부터 고용노동부는 여성고용 확대와 차별개선을 위한 '적극적 고용개선 조치제도'를 입안하여 직급별 남녀근로자 현황을 매년 보고하고, 여성 고용이 일정 수준에 미치지 않을 경우 여성 고용 확대 시행계획을 수립하여 정부에 제출해야 하며, 우수 기업에 대해서는 행정적, 재정적 인센티브를 부여하고 있지만 이러한 양적인 확대에도 불구하고[4], 비정규직 여성인력의 비중이 여전히 높아 고용안정성이 낮고, 직무와 교육 간의 미스매치 비율이 남성근로자에 비해 높아 고용의 질이 낮은 편이다[반가운 외, 2013]. 또한 근본적인 여성인력의 중요성과 여성의 일터와 가정에서의 역할에 대한 이해가 부족한 정책이라는 지적도 있다[이승협, 2016]. 즉, 여성의 경력개발 관련 정책을 입안할 때 여성의 가정에서의 역

---

4 고용노동부(2015) 내부자료에 따르면 2006년 30.77%에서 2014년 여성고용비율은 37.09%으로 연간 평균 .8% 상승하였음.

할로 출산이나 양육에 대한 이해와 남성과의 공동육아적 책임을 동반한 관련 정책을 함께 입안하는 것이 필요하다. 여성에만 국한된 양육과 가사에 대한 책임은 조직 내 모성보호제도라는 이름아래 조직원들의 문화적 동의를 받지 못한다면 그들의 경력에 또 다른 장애요소로 작용할 것이다. 다시 말해, 현재 여성들이 겪고 있는 경력 장애라는 것이 단지 여성의 개인적인 특성이나 조직과의 상호작용뿐 아니라 사회적인 맥락과 발달적인 측면에서의 사회문화적 일터에서의 여성에 대한 인식과 여성의 일에 대한 가치부여와 자신의 삶의 장에서의 역할들이 상충하며 발생한다는 것이다. 이를 위해서는 일－가정 양립을 어렵게 하는 근로조건이나 유리천장에 대한 조직문화, 임금차별, 남성과 여성 모두를 위한 매력적인 일터 만들기 등이 함께 이루어졌을 때 여성의 경력개발이 가치를 발할 수 있다. 여전히 우리 사회는 다양한 인재들의 조직 내 혁신과 성공을 지원해주는 기제임에도 불구하고 여성인력의 개발과 가치에 대해서 평가절하되고 있다[Carter & Cilva, 2010]. 경력개발은 사회적·조직적 차원에서의 성[Gender]에 대한 구분 없이 함께 일하는 것에 대한 인식과 일과 삶이 분리된 것이 아닌 각자가 가지고 있는 삶에 영역에 대한 존중과 이해가 선행하는 방향으로 추진되어야 한다.

여성 개인적으로도 자신의 능력을 스스로 저하하지 않고 여성인력으로서 자존감을 회복하고 생애사적 사건[life event]이나 환경변화에 적응력을 높이기 위한 경력탄력성[carer resilience]을 키우도록 노력해야 하며, 이러한 경력탄력성은 비단 여성 뿐 아니라 변화하는 사회에서 모든 이들이 갖추어야 할 소양이기도 하다.

부가적으로 본 장에서 사례로 제시한 여성 뿐 아니라 직업선택에 있어 이동성[career mobility], 다문화[multi－cultural issues], 소외된 사람들[장애인, 복지대상자 등], 은퇴기를 위한 경력개발을 이해하는 데 유용한 관점을 제공할 것이다.

참고문헌

국립국어원(2017). 표준국어대사전. http://stdweb2.korean.go.kr/search/List_d ic.jsp

김효선(2013). 신규 여성 박사들의 경력개발에 관한 탐색적 연구-교육계열을 중심으로. 디지털정책연구, 13(12), 685-696.

반가운, 조희경, 김승택, 정은선(2013). 소득 3만불 시대를 위한 여성의 사회참여 방안. 한국직업능력개발원.

장원섭(2011). 인적자원개발: 이론과 실천. 서울: 학지사.

이승협(2016). 적극적 고용개선조치 제도효율성 개선방안 연구. 여성연구, 90(1), 7-43.

Betz, N. E. (2002). Explicating an ecological approach to the career development of women. *The Career Development Quarterly, 50*, 335-338.

Betz, N. E. (2008). Women's career development. In Denmark, F. L & Paludi, M. A (Eds.), *Psychology of women: a handbook of issues and theories* (pp. 717-752). Westport, CT: Praeger.

Cater, N. M. & Silva, C. (2010). Women in management: delusions of progress. *Harvard Business Review, 88*(3), 19-21.

Cook, E. P., Heppner, M. J., & O'Brien, K. M. (2002). Career development of women of color and white women: assumption, conceptualization, and interventions from an ecological perspective. *The Career Development Quarterly, 50*, 291-305.

Friedman, S. & Greenhaus, J. (2000). *Work and family—allies or enemies? what happens when business professionals confront life choices.* New York, NY: Oxford University Press.

Greenhaus, J. H. & Callanan, G. A. (1994). *Career management* (2nd ed.), Fort Worth, TX: Dryden Press.

Hall, D. T. (1986). [Working with careers, by Michael B. Arthur, Lotte Bailyn, Daniel J. Levinson, and Herbert A. Shepard]. *Human Resource Management, 25*(3), 491—495.

Hall, D. T. (1996). Protean careers of the 21st century. *The Academy of Management Executive, 10*(4), 8—16.

Kim, H. & Song, Y. (2014). Do high schools in South Korea need more female principals? the relationship between gender and leadership performance. *Asian Women, 30*(2), 57—83.

Kim, H. & Yoon, H. (2017). Influences of cultural values on the career barriers and choices of the highly—educated South Korean women. 취업진로연구, 7(3), 109—128.

Kinoshita, Y. & Guo, F. (2015). *IMF Working Paper: What Can Boost Female Labor Force Participation in Asia?* International Monetary Fund.

Lent, R. W., Brown, S. D. & Hackett, G. (2002). Social cognitive career theory. In D. Brown & Associates, *Career choice and development* (4th ed., pp. 255—311). San Francisco, CA: Jossey—Bass.

Levinson, D. J. (1978). *The seasons of a man's life.* New York, NY: Ballantine Books.

Levinson, D. J. (1986). A conception of adult development. *American Psychologist, 41*, 3—13.

Mahoney, M. J. (2003). *Constructive psychotherapy: a practical guide.* New York, NY: Guilford.

Morgan, C. Isaac, D. & Sansone, C. (2001). The role of interest in understanding the career choices of female and male college students. *Sex Roles, 44*, 295—320.

Noe, R. (2008). *Employee training & development* (4th ed.). New York, NY: McGraw—Hill Irwin.

Savickas, M. L. (1997). Career adaptability: an integrative construct for life—span, life—space theory. *The Career Development Quarterly, 45*, 247—259.

Savickas, M. L. (2000). Renovating the psychology of careers for the twenty—first century. In A. Collin & R. A. Young (Eds.), *The future of career* (pp. 53—68). Cambridge, England: Cambridge University Press.

Savickas, M. L. (2001). Toward a comprehensive theory of careers: dispositions, concerns, and narratives. In F. T. L. Leong & A. Barak (Eds.), *Contemporary models in vocational psychology: A volume in honor of Samual H. Osipow* (pp. 295.320). Mahwah, NJ: Erlbaum.

Savickas, M. L. (2002). Career construction: A developmental theory of vocational behavior. In D. Brown & Associates (Eds.), *Career choice and development* (4th ed., pp. 149—205). San Francisco, CA: Jossey—Bass.

Stead, G. B. (2004). Culture and career psychology: a social constructionist perspective. *Journal of Vocational Behavior, 64*(2004), 389—406.

Super, D. E. (1953). A theory of vocational development. *The American Psychologist, 8*, 185—190.

Super, D. E. (1980). A life—span, life—space approach to career development. *Journal of Vocational Behavior, 16*, 282—298.

Super, D. E. (1990). A life—span, life—space approach to career development. Retrieved from http://psycnet.apa.org/psycinfo/1990—97532—007

Super, D. E., Savickas, M. L., & Super, C. M. (1996). The life—span, life—space approach to careers. In D. Brown, L. Brooks, et al, (Eds.) *Career choice and development: Applying contemporary theories to practice* (pp. 121—178) San Franscisco: Jossey—Bass.

Super, D. & Minor, F. (1987). Career development and planning in organizations. In B. M. Bass, P. Drenth, P. Weissenberg (Ed.), *Advances in Organizational Psychology*(pp. 83—98), Beverly Hills, CA: Sage.

Vondracek, F. W. (1990). A developmental—contextual approach to career development research. Methodological Approaches to the Study of Career. Greenwood Publishing Group.

Werner, J. M. & Desimone, R. L. (2006). Career management and development. *Human resource development* (4th ed.). Mason, OH: Thomson South—Western.

Yoon, H. & Kim, H. (2018). Heterogeneous experiences of South Korean women scholars on their locational choice and career decision. *Asian Pacific Migration Journal,* 27(1), 101—120.

Young, R. A. & Collin, A. (2004). Introduction: constructivism and social constructionism in the career field. *Journal of Vocational Behavior, 64* (2004), 373—388.

04

CAREER DEVELOPMENT

4차 산업혁명 시대 기업 내 경력 개발의 이론과 실제

리상섭[1]

SUMMARY

본 장에서는 체계적으로 정착된 한국 대기업의 경력 개발 사례를 중심으로 경력 개발에 대한 다양한 이론과 실제를 탐구하였다. 기업 내 경력 개발에 대하여 개인-환경 간 관계, 기업 내 경력 개발 모형, 기업 내 경력 개발 실제 등에 대하여 알아보았다. 개인-환경 간 관계에서는 Mink, Owen, & Mink의 개인-환경 상호작용 모형과 리상섭의 개인-환경 상호작용 모형 II를 살펴보았다. 기업 내 경력 개발 모형에서는 전기석의 경력 개발 모형, Hall의 프로틴 경력, Driver의 경력 개념 모형, Dalton, Thompson & Price의 전문가 육성을 위한 경력단계 모형, Mitchell, Levin, Krumboltz의 계획된 우연 이론, Mink, Shultz & Mink의 열린 조직 모형에 대하여 알아보았다. 기업 내 경력 개발 실제에서는 직종/직무별 경력 개발, 경력 단계별 경력 개발, 핵심 인재 경력 개발, 기타 경력 개발에 대하여 살펴보았다. 기업 내 경력 개발은 개인과 조직의 밀접한 상호작용을 바탕으로 성공적인 개인의 경력 개발과 고성과 창출 조직을 이룰 수 있다는 것을 알 수 있었다. 결국 기업 내에서 자신이 경력 개발의 주체이기 때문에 각자 개인의 판단에 따라 본인의 기업 내외의 경력 개발 목표에 맞추어 자신의 기업 내 경력 개발 방법을 구체화하고 동시에 실천해 나가야 한다.

KEY WORD   개인-환경 상호작용 모형, 프로틴 경력, 경력 개념 모형, 전문가 육성을 위한 경력단계 모형, 계획된 우연 이론, 열린 조직 모형

---

1 동덕여자대학교 교육컨설팅학과 겸 교양대학 교수(sangseub@dongduk.ac.kr).

빠르게 변화하는 4차 산업혁명 시대에 평생직장의 개념은 점차 사라지고 있으며, 특히 한국은 1990년대 후반 IMF 외환위기 이후 평생직장의 개념이 평생직업의 개념으로 변화되었다. 일반적으로 한국 기업의 경력 개발제도는 1980년대 후반부터 1990년대 초반 사이 삼성그룹과 LG그룹의 대기업 등을 중심으로 처음 도입되었다고 본다[김흥국, 2004; 리상섭, 김인숙, 박제일, 최손환, 김창환, 2017]. 이러한 한국의 기업 내 경력개발은 초기에는 대기업을 중심으로 정착이 되었으나 최근에는 기업의 규모와 상관없이 개인과 조직의 고성과 창출을 위해 경력 개발에 대한 관심이 지속적으로 높아지고 있다[리상섭, 김인숙, 박제일, 최손환, 김창환, 2017]. 그러나 기업 내 경력 개발과 관련하여 학자와 현장의 관심은 지속적으로 높아지고 있으나 이에 대한 체계적인 연구와 실제 사례의 축적은 많아 보이지 않는다. 따라서, 본 장에서는 체계적으로 정착된 한국 대기업의 경력 개발 사례를 중심으로 경력 개발에 대한 다양한 이론과 실제를 탐구해보고자 한다.

01 개인-환경 간 관계

우선 기업 내 경력 개발에 대하여 논의하기 전, 경력, 경력 관리, 경력 개발에 대한 개념을 살펴보고, 경력 개발을 위한 개인과 환경[조직] 간의 관계에 대하여 알아보고자 한다. 기업 내 경력 개발의 경우 개인이 속해 있는 조직, 즉 환경과 개인 간의 관계는 성공적인 경력 개발과 고성과 창출을 위해 매우 밀접한 관계가 있다고 할 수 있다. 본 장에서는 리상섭, 김인숙, 박제일, 최손환, 김창환[2017]의 경력, 경력 관리, 경력 개발, 개인-환경 간의 관계에 대한 논의를 중심으로 이야기하고자 한다.

1) 경력 개발의 개념

경력, 경력 관리, 경력 개발에 대한 정의는 학자마다 다양하게 제시되고 있으나 경력이란 "개인의 일생에 걸친 일과 관련된 개인의 경험과 과정"으로 경력 관리란 "개인과 개인이 속한 조직이 장기간에 걸쳐 계획적으로 개인의 경력을 설정, 실행, 평가하는 과정"으로 정의할 수 있다[리상섭, 김인숙, 박제일, 최손환, 김창환, 2017]. 경력과 경력 관리에 대한 정의를 바탕으로 경력 개발에 대한 다양한 학자들의 정의를 정리해보면 다음과 같다. 외국 학자 중 Gilley, Eggland & Gilley[2002]는 경력 개발이란 "조직 내의 직원을 향상시키고 그들을 최적으로 만들어내는 구조화된 활동 혹은 과정으로 구성된 조직화되고 계획된 노력"이라고 정의한다. 또한, Swanson & Holton III[2001]는 경력 개발을 "학습과 전문성 개발 여행의 확장된 관점"이라고 정의한다. 국내 학자 중 김흥국[2004]은 경력 개발이란 "한 개인이 일생에 걸쳐 일과 관련하여 얻게 되는 경험을 통해 자신의 직무관련 태도, 능력 및 성과를 향상시켜 나가는 과정"이라고 정의한다. 이성엽[2017]은 경력 개발을 "개인의 경력을 원하는 이상향의 모습으로 만들어가기 위해 조직과 개인이 행하는 일련의 활동"이라고 정의하고, 전기석[2017]은 경력 개발을 "조직의 요구와 개인의 요구가 일치할 수 있도록 개인의 경력 목표를 설정하고 이를 달성하기 위한 경력 계획을 수립하여 각 개인의 경력을 개발하는 활동"이라고 정의한다. 따라서, 학자마다 경력 개발의 정의에 대한 차이는 있으나 본 장에서는 경력 개발을 "장기간에 걸쳐 개인의 경력을 관리하여 지속적으로 향상시키는 과정"이라고 정의하고, 효율적인 경력 관리와 경력 개발을 위해서는 개인과 조직, 좀 더 구체적으로 개인의 직속상사 모두 경력 개발의 주체가 되어야 하며, 개인 경력 개발을 위해 유기적으로 협업해야 한다고 주장한다[리상섭, 김인숙, 박제일, 최손환, 김창환, 2017].

2) 개인-환경 상호작용 모형[2]

경력 개발의 연구 동향에 대하여 이성엽[2017]은 경력 개발에 대한 연구는 개인 중심에서 조직 중심의 연구를 거쳐 개인과 조직의 조화를 연구하는 방향으로 발전해왔다고 설명한다. 특히, 개인과 조직의 조화에 대하여 리상섭, 김인숙, 박제일, 최손환, 김창환[2017]은 개인의 경력 개발과 조직의 고성과 창출은 개인과 조직의 밀접한 상호작용을 바탕으로 하고 있다고 설명하면서 성공적인 개인의 경력 개발을 위해 개인과 환경[조직] 간의 밀접한 상호작용을 잘 이해해야 한다고 주장한다.

리상섭, 김인숙, 박제일, 최손환, 김창환[2017]은 좀 더 구체적으로 조직 내의 개인과 환경[조직] 간의 상호작용을 설명하기 위해 Mink, Owen, & Mink[1993]의 연구 결과를 제시한다. Mink, Owen, & Mink[1993]는 실제성과관리[Reality Performance Management: RPM] 모형을 통해 개인과 환경 간의 상호작용을 바탕으로 한 고성과 창출 과정을 설명하며, 실제성과관리[RPM] 모형을 바탕으로 <그림 1>과 같이 개인-환경 상호작용 모형[Person-Environment Interaction Mode]을 제시하였다.

개인-환경 상호작용 모형에서 Mink, Owen, & Mink[1993]는 개인 측면에서는 고성과 창출을 위해 다음과 같은 조건이 필요하다고 주장한다. 첫째, 할 수 있음[Can]: 개인은 성공할 수 있는 역량을 갖추었을 때 업무를 더 잘 수행한다. 둘째, 원함[Want]: 개인은 자신에게 중요하거나 가치를 부여하는 목표를 성취하고자 한다. 셋째, 시도[Are Willing to Try]: 개인은 자신이 성공할 것이라고 믿는 만큼 성공하기 위해 열심히 업무를 수행하고, 이러한 믿음은 과거의 성공들로부터 발생한다.

동시에 Mink, Owen, & Mink[1993]는 고성과 창출을 위해 환경 측면에서는 다음과 같은 조건이 요구된다고 주장한다. 첫째, 기회[Opportunity]: 조직

---

2 리상섭, 김인숙, 박제일, 최손환, 김창환(2017)의 4차 산업혁명 시대의 최신 직업진로 설계: 이론과 실제의 제 11장 내용 중 개인-환경 상호작용 모형을 발췌 및 수정보완함.

은 개인에게 가치 있는 행동을 수행할 수 있는 기회를 제공한다. 둘째, 인센티브Incentive: 조직은 개인에게 가치 있는 보상의 가능성을 제시한다. 셋째, 피드백Feedback: 조직은 개인에게 합의된 목적 또는 목표에 대한 개인 성과 결과에 대한 피드백을 제공한다.

그림 1   개인-환경 상호작용 모형

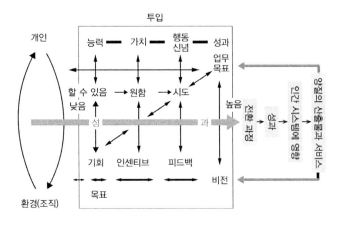

출처: Mink, Owen, & Mink(1993).

그러나 리상섭은 19년간 Mink, Owen, & Mink의 개인-환경 상호작용 모형을 국내외 현장에 적용 후 개인 측면에서 할 수 있음Can과 원함Want의 순서에 관심을 갖고 Mink, Owen, & Mink가 제시한 것과 같이 개인 측면에서 할 수 있음Can 다음에 원함Want이 오는 것이 아니라 개인의 역량과 동기 중 동기가 개인의 역량에 우선한다고 판단하여 원함Want과 할 수 있음Can의 순서를 수정한 개인-환경 상호작용 모형 II를 통해 역량

전에 동기가 먼저 선행되어야 한다고 제안한다^{리상섭, 김인숙, 박제일, 최손환, 김창환,}
²⁰¹⁷.

그림 2   개인-환경 상호작용 모형 Ⅱ

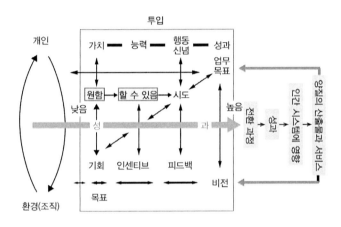

출처: Mink, Owen, & Mink(1993)의 개인-환경 상호작용 모형 저자 수정.

따라서 첫째, 가치 단계에서 개인의 원함과 환경^{조직}의 기회 제공이 서
로 상호작용하여 그 다음 단계인 능력 단계로 넘어간다. 둘째, 능력 단계
에서 개인의 할 수 있음과 환경^{조직}의 인센티브 제공이 서로 상호작용하
여 그 다음 단계인 행동 신념 단계로 넘어간다. 셋째, 행동 신념 단계에
서 개인의 시도와 환경^{조직}의 피드백 제공이 서로 상호작용하여 결국 조
직의 고성과로 이어지는 것이다. 그러므로 개인의 경력 개발과 조직의
고성과는 개인의 원함, 할 수 있음, 시도와 환경의 기회, 인센티브, 피드
백의 상호작용과 조화에 따른 시너지에 의해 발생한다고 할 수 있다. 따

라서, Mink, Owen, & Mink[1993]의 개인-환경 상호작용 모형과 리상섭이 제안한 개인-환경 상호작용 모형 II를 통해 개인과 조직의 밀접한 상호작용을 바탕으로 성공적인 개인의 경력 개발과 고성과 창출 조직을 이룰 수 있다는 것을 알 수 있다.

02 기업 내 경력 개발 모형

앞에서 논의한 바와 같이 경력 개발은 "장기간에 걸쳐 개인의 경력을 관리하여 지속적으로 향상시키는 과정"으로 경력 개발은 개인의 생애 발달 단계에 따라 일생에 거쳐 하나로 이뤄지는 단계를 거친다고 할 수 있다[리상섭, 김인숙, 박제일, 최손환, 김창환, 2017]. 실제로 생애 발달 단계에 따라 Erikson, Levinson, Hall 등의 다수의 학자들은 경력 개발 모형을 제안하였다. 이러한 생애 발달 단계에 따른 경력 개발 모형에 대하여 리상섭, 김인숙, 박제일, 최손환, 김창환[2017]은 개개인의 경력 개발 단계와 완전히 일치하지는 않지만 전반적인 경력 개발 단계를 제시한다고 설명한다. 그러나 리상섭, 김인숙, 박제일, 최손환, 김창환[2017]은 동시에 빠르게 변화하는 4차 산업혁명 시대에 단순하게 개인 연령 증가에 따라 생애 발달 단계로 경력 개발 모형을 설명하는 것은 적절하지 않다고 주장한다. 오히려 기업의 경우 개인의 직급과 전문성과 연동하여 경력 개발 모형을 적용하는 것이 좀 더 시사점이 있을 수 있다고 주장한다. 본 장에서는 전기석[2017]의 경력 개발 모형, Hall[1976]의 프로틴 경력Protean Career, Driver[1979]의 경력 개념 모형Career Concept Model, Dalton, Thompson & Price[1977]의 전문가 육성을 위한 경력단계 모형Career Stage Model for Professional Growth, Mitchell, Levin & Krumboltz[1999]의 계획된 우연 이론Planned Happenstance Theory, 그리고 개인, 그룹, 조직 간의 열림open을 강조하는 Mink, Shultz & Mink[1979]와 Mink, Owen,

& Mink[1993]의 열린 조직 모형Open Organizational Model에 대한 논의를 중심으로 이야기하고자 한다.

1) 경력 개발 모형

다양한 학자의 기업 내 경력 개발 모형에 대하여 논의하기 전 경력 개발 주도 주체에 대하여 알아보고자 한다. 기업에 따라 경력 개발 주도의 주체가 다양할 수 있으며, 동시에 학자에 따라 경력 개발 주도의 주체가 다를 수 있기 때문이다. 리상섭, 김인숙, 박제일, 최손환, 김창환[2017]은 전기석[2017]의 경력 개발 모형을 통해 경력 개발 주도 주체에 따른 경력 개발 모형을 소개했다. 전기석[2017]은 기업 내 경력 개발 모형을 설명하기 위해 경력 개발 주도 주체에 따라 세 가지 형태인 회사주도형, 회사-개인 타협형, 개인주도형의 경력 개발 모형을 제시하였다. <표 1>은 전기석[2017]의 경력 개발 모형에 대하여 설명하고 있다.

표 1 경력 개발 모형

구 분	회사주도형	회사-개인 타협형	개인주도형
개 요	회사 조직 차원에서 경력 개발을 주도하는 방식	회사 차원의 요구와 개인 차원의 요구가 일치하는 방향으로 추진하는 방식	직원 개인 차원에서 경력 개발을 주도하는 방식
내 용	정기 및 수시 인사를 통한 일방적인 인사 부서이동	회사 차원에서의 인력 소요와 개인의 요구가 수렴되는 수준에서 경력 개발(job posting 등)	개인의 요구에 따라 완전 경쟁 시장 방식 (open career market 시스템 등)

출처: 전기석(2017).

첫째, 회사주도형 경력 개발 모형은 회사에서 개인의 경력 개발을 주도하는 모형이다. 회사에서는 정기 또는 수시 인사를 통해 일방적으로 개인의 부서이동을 실시한다. 둘째, 회사−개인 타협형 경력 개발 모형은 회사와 개인의 요구가 일치하는 방향으로 개인의 경력 개발을 추진하는 모형이다. 회사의 인력소요와 개인의 요구를 맞춰 개인의 경력 개발을 실시한다. 셋째, 개인주도형 경력 개발 모형은 개인이 경력 개발을 주도하는 모형이다. 개인의 요구에 따라 개인의 경력 개발을 실시한다. 일반적인 한국 기업은 세 가지의 경력 개발 모형 중 회사주도형 경력 개발 모형 또는 회사−개인 타협형 경력 개발 모형을 주로 사용한다[전기석, 2017].

2) 프로틴 경력

과거와 비교하여 복잡하고 빠르게 변화하는 환경에서 개인의 경력 개발의 방향은 예전과 달리 그 방향과 목적이 모호할 수 있다. Hall[1996]은 이러한 환경에서 개인의 경력 개발을 위한 욕구와 계획은 양면적이 되어 간다고 주장한다. Hall[1996, 2004]은 전통적인 정신[심리] 계약은 개인이 회사에 입사한 후 조직에 대한 충성심을 갖고 조직에 몰입하여 열심히 일하고, 성과를 내어 더 많은 보상과 고용 보장을 받는 것에서 Shepard가 언급한 마음의 길[the path with a heart]을 찾는 안내에 따라 지속적인 학습과 정체성 변화에 기반한 새로운 계약으로 변경되었다고 주장한다. 이러한 환경에서 프로틴 경력은 조직이 아닌 사람[개인]이 관리하는 과정으로 성공의 기준이나 특정 결과의 성취에 대한 정의가 외부인 조직이 아닌 정신[심리]적 성공인 내부에 있다고 정의한다[Hall, 1976]. <표 2>는 Hall[1976]의 프로틴 경력과 전통적 경력에 대하여 비교 설명한다.

표 2 프로틴 경력 요소

이 슈	프로틴 경력	전통적 경력
담당자	사람(개인)	조직
핵심 가치	자유 성장	승진
유동성 정도	높음	낮음
성공 기준	정신(심리)적 성공	직위 수준 급여
주요 태도	업무 만족 전문적 몰입	조직 몰입

출처: Hall(1976).

첫째, 프로틴 경력의 담당자, 즉 주체는 사람개인이나 전통적 경력의 주체는 조직이다. 둘째, 프로틴 경력의 핵심 가치는 자유 성장이나 전통적 경력의 핵심 가치는 승진이다. 셋째, 프로틴 경력의 유동성 정도는 높으나 전통적 경력의 유동성 정도는 낮다. 넷째, 프로틴 경력의 성공 기준은 정신심리적 성공이나 전통적 경력의 성공 기준은 직위 수준과 급여이다. 다섯째, 프로틴 경력의 주요 태도는 업무 만족과 전문적 몰입이나 전통적 경력의 주요 태도는 조직 몰입이다.

상기 언급한 바와 같이 프로틴 경력과 전통적 경력의 이슈에 따른 비교 분석을 통해 각각의 특징을 확인할 수 있다. Hall[1996]은 프로틴 경력과 전통적 경력에 대하여 조직 경력은 죽었고, 프로틴 경력은 살아서 번성할 것이라고 주장하기도 한다. 1976년에 처음 소개된 Hall의 프로틴 경력은 최근 한국 사회의 밀레니얼 세대를 중심으로 한 기업 내 세대 상의 변화를 잘 설명해주고 있다고 볼 수 있다. 또한, 전기석[2017]의 경력 개발 모형에 의하면 프로틴 경력은 개인주도형 경력 개발 모형이라고 할 수 있다.

3) 경력 개념 모형

리상섭, 김인숙, 박제일, 최손환, 김창환[2017]은 Driver[1979]의 경력 개념 모형을 통해 현대 조직의 기업 내 경력 개발 모형을 소개했다. Driver[1979]는 개인의 경력 개념을 직선형 경력 개념[linear career concept], 전문가형 경력 개념[expert career concept], 나선형 경력 개념[spiral career concept], 전이형 경력 개념[transitory career concept]의 네 가지 경력 개념으로 구분한 경력 개념 모형을 다음과 같이 설명한다.

첫째, 직선형 경력 개념은 기업 내에서 팀장 또는 임원으로 성장하는 데 초점을 맞춘 경력 개념이다. 조직에서 일반적으로 가장 많이 볼 수 있는 경력 개념으로 조직 내에서 보다 많은 책임과 권한이 있는 직책으로 수직 성장하는 경력 개념이다. 둘째, 전문가형 경력 개념은 기업 내에서 특정 직무 전문성을 개발하여 기업 내에서 전문가로 성장하는 데 초점을 맞춘 경력 개념이다. 기업 내에서 사람과 업무를 관리하는 팀장이나 임원이 아닌 특정 직무 전문성을 개발하는 경력 개념이다. 셋째, 나선형 경력 개념은 7-10년 주기로 관련 직무 또는 관련 없는 직무로 이동하면서 성장하는 데 초점을 맞춘 경력 개념이다. 직무 이동 시 경력이 없는 현재 자신의 직무와 무관한 직무로 이동 시 시니어가 아닌 주니어의 위치로 부담없이 이동하는 경력 개념이다. 넷째, 전이형 경력 개념은 3-5년 주기로 현재 자신의 직무와 관련 없는 직무로 이동하여 성장하는 데 초점을 맞춘 경력 개념이다. 전문성을 갖춘 스페셜 리스트가 아닌 다양한 분야를 일반적으로 알고 있는 제너럴 리스트를 육성하거나 전문성이 필요 없는 직무에서 나타나는 경력 개념이다.

1979년에 발표된 드라이버의 네 가지 경력 개념 모형은 논문 발표 당시보다 최근의 현대 기업에서 많이 찾아 볼 수 있다[리상섭, 김인숙, 박제일, 최손환, 김창환, 2017]. 리상섭, 김인숙, 박제일, 최손환, 김창환[2017]은 드라이버[1979]의 경력 개념 모형에서 직선형 경력 개념과 전문가형 경력 개념은 전통

적인 기업 내에서 쉽게 발견할 수 있는 경력 개념이나 전이형 경력 개념
과 나선형 경력 개념은 상대적으로 최근의 기업에서 나타나기 시작한 경
력 개념으로 보인다고 주장한다. 따라서, 직선형 경력 개념과 전문가형
경력 개념은 전통적인 경력 개념 모형이고, 전이형 경력 개념과 나선형
경력 개념은 현대적 경력 개념 모형이라고 설명하기도 한다[Brousseau et al.,
1996]. 1979년에 처음 소개된 드라이버의 경력 개념 모형 중 전이형 경력
개념과 나선형 경력 개념은 Hall[1976]의 프로틴 경력과 함께 최근 한국 사
회의 밀레니얼 세대를 중심으로 한 기업 내 세대 상의 변화를 잘 설명해
주고 있다고 볼 수 있다. 또한, 전기석[2017]의 경력 개발 모형에 의하면 경
력 개념 모형은 기업에 따라 회사주도형, 회사―개인 타협형, 개인주도형
경력 개발 모형이라고 할 수 있다.

4) 전문가 육성을 위한 경력단계 모형

리상섭, 김인숙, 박제일, 최손환, 김창환[2017]은 Dalton, Thompson & Pri-
ce[1977]의 전문가 육성을 위한 경력단계 모형을 통해 현대 조직의 기업 내
경력 개발 모형을 설명한다. 전문가 육성과 관련하여 Dalton, Thompson
& Price[1977]는 전문가 육성을 위한 4단계 경력단계 모형을 제시하였다. 전
문가 육성에 대한 경력 개발 모형 관련 선행 연구는 많지 않아 Dalton,
Thompson & Price의 전문가 육성을 위한 경력단계 모형은 현대 조직의
기업 내 전문가 육성을 위해 많은 시사점을 제시하고 있다[리상섭, 김인숙, 박제
일, 최손환, 김창환(2017)]. 전문가 육성을 위한 4단계 경력단계 모형은 전문가의
경력이 일렬로 한 단계에서 다음 단계로 개발되는 것처럼 보이나 Dalton,
Thompson & Price[1977]는 모든 전문가가 4단계를 모두 경험한다고 주장
하지 않았다.

Dalton, Thompson & Price[1977]의 전문가 육성을 위한 경력단계 모형은
도제[apprentice], 동료[colleague], 멘토[mentor], 후원자[sponsor]의 4단계로 구성되어 있

다. 첫째 단계는 타인의 지시 사항을 돕고, 타인에 대해 학습하고, 타인을 따르는 단계로 타인에게 의존적인 특징을 보이는 도제 단계이다. 둘째 단계는 독립적인 기여자 단계로 업무를 독립적으로 수행할 수 있는 특징을 보이는 동료 단계이다. 셋째 단계는 타인을 교육훈련하고, 타인에게 영향을 미치고, 타인과 상호작용하는 단계로 나를 벗어나 나 이외의 타인에 대한 책임감을 나타내는 특징을 보이는 멘토 단계이다. 넷째 단계는 자신이 속한 조직과 직업의 방향을 창출하는 단계로 조직에 대한 권한과 조직 내·외부에 대한 영향을 연습하는 특징을 보이는 후원자 단계이다.

리상섭, 김인숙, 박제일, 최손환, 김창환[2017]은 4차 산업혁명 시대에 단순히 직급 자체를 전문가 발달 단계로 볼 수는 없지만 Dalton, Thompson & Price[1977]의 전문가 육성을 위한 경력단계 모형을 실제 기업의 예로 들어 사원과 대리는 도제, 과장과 차장은 동료, 조직책임자 또는 팀장인 부장은 멘토, 임원은 후원자로 볼 수 있다고 주장했다. 사원과 대리는 기업 내 선배로부터 조직 문화와 업무를 배워 선배를 따르는 단계인 도제로 볼 수 있다. 과장과 차장은 개발한 직무 역량을 바탕으로 조직에 잘 적응하여 선후배 및 직장 동료와 함께 독립적으로 업무를 잘 수행할 수 있는 단계인 동료로 볼 수 있다. 부장은 부하 직원에게 조직책임자로써 사람과 업무를 관리하여 성과를 창출하는 리더십을 발휘하는 단계인 멘토로 볼 수 있다. 임원은 자신의 권한을 부하 직원에게 위임하고 조직의 방향을 구상하는 단계인 후원자로 볼 수 있다.

1977년에 처음 소개된 Dalton, Thompson & Price의 전문가 육성을 위한 경력단계 모형은 Driver[1979]의 경력 개념 모형 중 직선형 경력 개념과 전문가형 경력 개념과 함께 전통적인 기업 내 경력 개발 모형을 잘 설명해주고 있다고 볼 수 있다. 또한, 전기석[2017]의 경력 개발 모형에 의하면 전문가 육성을 위한 경력단계 모형은 기업에 따라 회사주도형, 회사-개인 타협형 경력 개발 모형이라고 할 수 있다.

5) 계획된 우연 이론

우리는 인생을 살아가면서 다양한 경험과 동시에 매순간 긍정적이던 부정적이던 많은 기회를 만나게 된다. 이성엽[2017]은 이러한 인생의 우연한 사건을 결국 자신이 어떻게 받아들이는가에 따라 우연한 사건을 긍정적 또는 부정적으로 해석하고 자신에게 적용한다고 주장한다. 실제로 다수의 경력 성공자의 경우 다양한 사건 속에서 교훈을 발견하고 인생의 긍정적 자원으로 활용했다고 설명한다[이성엽, 2017]. 계획된 우연 이론은 경력 상담에서 계획되지 않은 사건을 학습을 위한 기회로 창조하고 전환하도록 하는 확장된 개념 틀로 Mitchell, Levin & Krumboltz[1999]에 의해 제시되었다. 계획된 우연이란 용어는 의도적으로 모순어법으로 사용되었으며, Mitchell, Levin & Krumboltz[1999]는 내담자는 인생에서 수동적으로 기회를 기다리는 것이 아니라 기회를 발생하고 찾을 수 있는 행동을 학습해야 한다고 주장한다.

좀 더 구체적으로 Mitchell, Levin & Krumboltz[1999]는 계획된 우연 이론에서 경력 상담자는 내담자가 경력 기회에 쓸 수 있는 다섯 가지 기술을 인식하고, 개발하고, 사용할 수 있도록 도와주어야 한다고 주장한다. 다섯 가지 기술은 첫째, 새로운 학습 기회를 탐색하는 호기심[curiosity], 둘째, 고난에도 불구하고 열심히 노력하는 인내심[persistence], 셋째, 태도와 상황을 변화하는 융통성[flexibility], 넷째, 새로운 기회를 가능성과 달성할 수 있는 것으로 보는 낙관성[optimism], 다섯째, 불확실한 결과에도 불구하고 실행하는 위험감수[risk taking]이다.

또한 Mitchell, Levin & Krumboltz[1999]는 계획된 우연 모형 하의 상담 절차는 전통적인 경력 상담과 몇몇 중요한 측면에서 다르다고 설명하며, 상담자는 계획된 우연을 실행하기 위해 아래의 4단계의 행동을 제안했다. 1단계, 내담자의 이력 속에서 계획된 우연을 정상화한다[normaliz]. 2단계, 내담자가 호기심[curiosity]을 학습과 탐구의 기회로 전환하도록 돕는다.

3단계, 내담자가 바람직한 기회 사건을 만들어 낼 수 있게 가르친다. 4단계, 내담자가 실천에 방해되는 장애물을 극복할 수 있도록 가르친다. 따라서 계획된 우연 이론에서는 내담자가 급변하는 복잡한 환경에서 계획되지 않은 우연을 긍정적으로 만들어갈 수 있도록 상담자가 4단계 전략에 따라 필요한 다섯 가지 기술을 개발할 수 있도록 도와야 한다. 1999년에 처음 소개된 Mitchell, Levin & Krumboltz의 계획된 우연 이론은 전기석[2017]의 경력 개발 모형에 의하면 개인주도형 경력 개발 모형이라고 할 수 있다.

6) 열린 조직 모형

앞에서 다양한 기업 내 경력 개발 모형을 살펴보았다. 경력 개발 모형, 프로틴 경력, 경력 개념 모형, 전문가 육성을 위한 경력단계 모형, 계획된 우연 이론 등 다양한 모형이 설명되었다. 하지만 기업 내 개인의 경력 개발은 기업을 떠나서 언급할 수 없으며 따라서 단순히 개인주도형 또는 회사주도형을 떠나 회사-개인 타협형으로 기업 내 개인의 경력개발을 설명해야 할 것이다. 급변하는 환경에서 노동시장의 유연성이 더욱 증대되어 기업 내의 개인과 회사의 비전을 한 방향으로 정렬하는 방법으로 경력 개발의 의미가 더욱 부각되고 있다[리상섭, 김인숙, 박제일, 최손환, 김창환, 2017; 박양근, 2004]. 최근 한국 기업에서 자주 볼 수 있는 기업의 철학을 반영한 기업의 웨이[WAY]의 정립과 기업 내 전파는 개인과 조직의 괴리를 줄이고, 개인과 조직의 비전을 상호 일치시켜 한 방향으로 정렬시키려는 다양한 시도 중 하나라고 볼 수 있다[리상섭, 김인숙, 박제일, 최손환, 김창환, 2017]. 리상섭, 김인숙, 박제일, 최손환, 김창환[2017]은 개인과 조직의 비전 일치의 중요성을 설명하기 위해 Mink, Shultz & Mink[1979]와 Mink, Owen, & Mink[1993]가 제시한 열린 조직 모형을 제시한다. <그림 3>은 열린 조직 모형[3]의 통합,

---

3 리상섭, 김인숙, 박제일, 최손환, 김창환(2017)의 4차 산업혁명 시대의 최신 직업진로 설계: 이론과 실제의 제 11장 내용 중 열린 조직 모형을 발췌 및 수정보완함.

내부 반응, 외부 반응 영역이 개인, 그룹, 조직 수준과 만나 어떻게 상호 작용하는지 보여준다.

그림 3 열린 조직 모형

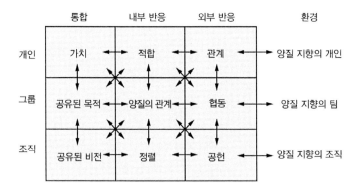

출처: Mink, Shultz & Mink(1979), Mink, Owen, & Mink(1993).

첫째, 개인 영역의 통합, 내부 반응, 외부 반응이 각각 개인, 그룹, 조직 수준과 만나 다음과 같은 결과로 이어진다. 개인 수준과 통합 영역이 만나는 곳은 개인의 가치에 의해 조직되는 자기 자신에 대한 자기−개념을 의미하는 '가치'가 발생한다. 개인 수준과 내부 반응 영역이 만나는 곳은 개인의 의지와 요구 및 실행하려는 의지 인식을 의미하는 '적합'이 발생한다. 개인 수준과 외부 반응 영역이 만나는 곳은 타인과 함께 상호 이익이 되는 결과를 생산하는 개인과 타인 간의 상호작용을 의미하는 '관계'가 발생한다. 결국, 개인 수준에서 각각의 통합, 내부 반응, 외부 반응 영역을 만나 각각의 가치, 적합, 관계를 이루면 결국 환경을 대상으로 양질을 지향하는 개인이 된다.

둘째, 그룹^팀 영역의 통합, 내부 반응, 외부 반응이 각각 개인, 그룹, 조직 수준과 만나 다음과 같은 결과로 이어진다. 그룹^팀 수준과 통합 영역이 만나는 곳은 공유된 가치에 의해 지지되는 팀의 목표 혹은 목적을 의미하는 '공유된 목적'이 발생한다. 그룹^팀 수준과 내부 반응 영역이 만나는 곳은 그룹 구성원들이 서로를 인식하고 다른 구성원들의 요구와 의지에 신경을 쓰는 것을 의미하는 '양질의 관계'가 발생한다. 그룹^팀 수준과 외부 반응 영역이 만나는 곳은 조직 내의 그룹 혹은 구성 요소와의 협력적인 상호작용을 의미하는 '협동'이 발생한다. 결국, 그룹^팀 수준에서 각각의 통합, 내부 반응, 외부 반응 영역을 만나 각각의 공유된 목적, 양질의 관계, 협동을 이루면 결국 환경을 대상으로 양질을 지향하는 팀이 된다.

셋째, 조직 영역의 통합, 내부 반응, 외부 반응이 각각 개인, 그룹, 조직 수준과 만나 다음과 같은 결과로 이어진다. 조직 수준과 통합 영역이 만나는 곳은 목적에 따른 조직화와 조직이 향하고 있는 비전의 방향에 대한 인식을 의미하는 '공유된 비전'이 발생한다. 조직 수준과 내부 반응 영역이 만나는 곳은 조직 내의 다른 구성 요소 사이의 협력적 상호작용을 의미하는 '정렬'이 발생한다. 조직 수준과 외부 반응 영역이 만나는 곳은 조직이 사회 또는 외부와 상호작용하는 방법을 의미하는 '공헌'이 발생한다. 결국, 조직 수준에서 각각의 통합, 내부 반응, 외부 반응 영역을 만나 각각의 공유된 비전, 정렬, 공헌을 이루면 결국 환경을 대상으로 양질을 지향하는 조직이 된다.

그러므로 기업 내에서 개인의 경력 개발이 잘 이루어지기 위해서는 개인, 그룹, 조직 수준과 통합, 내부 반응, 외부 반응 영역 사이에 높은 수준의 정렬이 발생한 열린 조직을 구축해야 한다[리상섭, 김인숙, 박제일, 최손환, 김창환, 2017]. 결국 개인의 비전과 조직의 비전이 정렬되어야 한다는 말은 통합 영역의 개인 수준의 가치와 그룹 수준의 공유된 목적, 조직 수준의 공유된 비전이 내부 반응 영역과 외부 반응 영역의 개인, 그룹, 조직 수준에서 조화롭게 상호 작용해야 한다는 의미로 볼 수 있다.

03 기업 내 경력 개발 실제

개인의 기업 내 경력 개발은 크게 두 가지 역량을 증진 시킬 수 있는 기회이다. 첫째, 자신이 담당하고 있는 업무, 즉 직종과 직무에 대한 직무 전문성 증진과 동시에 자신의 업무와 관련된 직종과 직무에 대한 직무 이해도 증진이다. 둘째, 상기 언급한 직무 전문성을 바탕으로 기업 내 현재의 자신의 위치에서 타인, 즉 직속 상사, 동료, 후배, 내부 관련 부서, 외부 협력 업체, 고객 등 함께 원활하게 업무를 수행할 수 있는 리더십 역량의 개발이다. <그림 4>는 2017년 6월 LG전자의 2016-2017 지속가능경영보고서에 소개된 LG전자의 임직원 교육체계를 보여준다. 본 장에서는 기업 내 경력 개발의 실제에 대하여 LG전자의 임직원 교육체계에 대한 논의를 중심으로 이야기하고자 한다.

그림 4 LG전자 임직원 교육체계

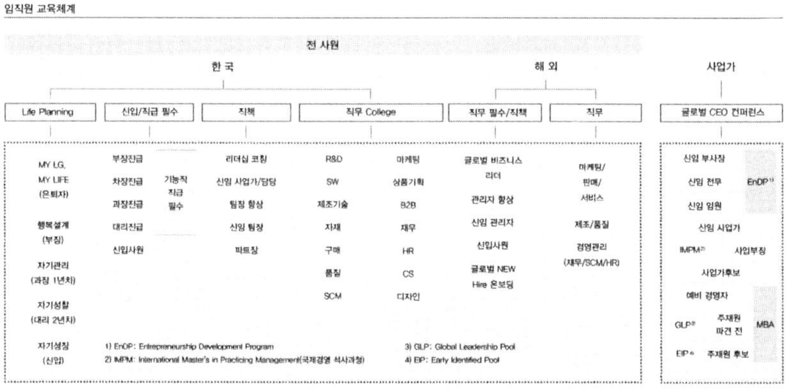

출처: LG전자(2017).

본 장에서는 LG전자의 2016－2017 지속가능경영보고서에 제시된 LG
전자 임직원 교육체계의 구체적인 내용은 알 수 없으나 일반적인 기업
내 경력 개발 실제와 비교하여 기업 내 경력 개발의 사례로 첫째, 직종/
직무별 경력 개발, 둘째, 경력 단계별 경력 개발, 셋째, 핵심 인재 경력
개발, 넷째, 기타 경력 개발로 구분하여 설명하고자 한다. 여기서 제시되
고 있는 LG전자의 임직원 교육체계는 육성체계가 아닌 교육체계만을 의
미하며 일반적으로 기업 내 개인의 경력 개발은 자신의 업무를 통해서
개발하면서 동시에 멘토링/코칭, 프로젝트 등의 다양한 비교육적 해결
방법을 통해 개발한다.

1) 직종/직무별 경력 개발

개인이 기업 내에서 담당하는 자신의 업무는 직무에 해당한다. 기업
내 경력 개발은 직종 내 직무를 각각의 직종 또는 직무별로 3－5년에 걸
처 직종 또는 직무순환을 통해 배우며, 승진을 할수록 본인의 경력 개발
목표에 따라 현재의 직종 내에서 다른 직무로 이동 또는 다른 직종의 다
른 직무로 이동하면서 자신의 경력을 개발한다리상섭, 김인숙, 박제일, 최손환, 김창
환, 2017. <그림 4>에 제시된 바와 같이 LG전자의 경우 직종/직무별 경력
개발의 경우 직무 College를 통해 R&D, SW, 제조기술, 자재, 구매, 품질,
SCM, 마케팅, 상품기획, B2B, 재무, HR, CS, 디자인의 14개의 직무 교육
을 실시하고 있다. 직종/직무별 경력 개발은 Driver[1979]의 경력 개념 모형
중 전문가형 경력 개념, 나선형 경력 개념, 전이형 경력 개념과 Dalton,
Thompson & Price[1977]의 전문가 육성을 위한 경력단계 모형의 기업 내
경력 개발 실제를 잘 설명해주고 있다.

2) 경력 단계별 경력 개발

기업에 대졸신입사원으로 입사를 하거나 경력신입사원으로 입사하는

가에 따라 개인의 직급이 달라질 수 있으나 일반적으로 기업 내 경력 개발은 진급을 통해 경력 개발이 진행된다. 기업 내 진급의 경우 세 가지 상황을 예상해 볼 수 있는데 첫째, 진급에 따른 경력 개발, 둘째, 조직 책임자의 역할을 담당하는 팀장 이상의 경력 개발, 셋째, 일반적으로 진급과 동일한 유형을 유지하기는 하지만 기업에 입사하여 은퇴에 이르는 개인의 생애 발달 단계에 따른 경력 개발이다.

다음은 LG전자의 사례를 통해 각각의 경력 단계별 경력 개발을 살펴보고자 한다. <그림 4>에 제시된 바와 같이 LG전자의 경우 경력 단계별 경력 개발의 경우 첫째, 신입/직급 필수를 통해 직급에 필요한 역량 개발을 신입 사원－대리 진급－과장 진급－차장 진급－부장 진급－신임 임원 교육을 통해 실시하고 있다. 둘째, 직책을 통해 필요한 리더십과 역량 개발을 파트장－신임 팀장－팀장 향상－신임 사업가/담당－리더십 코칭 교육을 통해 실시하고 있다. 셋째, Life Planning을 통해 입사에서 은퇴에 필요한 역량 개발을 자기 성장[신입]－자기 성찰[대리 2년차]－자기 관리[과장 1년차]－행복 설계[부장]－My LG, My Life[은퇴자] 교육을 통해 실시하고 있다. 특히, LG전자의 경우 다른 기업과 비교하여 Life Planning을 통해 임직원의 입사부터 퇴직까지 생애 발달 단계에 따른 종합 해결책을 제시하고 있는 것으로 보인다.

Driver[1979]의 직선형 경력 개념과 Dalton, Thompson & Price[1977]의 전문가 육성을 위한 경력단계 모형은 실제 현장에서 정확한 구분과 적용이 어렵지만 현대 기업의 직급별 경력 단계별 경력 개발과 연계할 수 있다[리상섭, 김인숙, 박제일, 최손환, 김창환, 2017]. 따라서, 경력 단계별 경력 개발은 Driver[1979]의 경력 개념 모형 중 직선형 경력 개념과 Dalton, Thompson & Price[1977]의 전문가 육성을 위한 경력단계 모형의 기업 내 경력 개발 실제를 잘 설명해주고 있다

3) 핵심 인재 경력 개발

기업 내 경력 개발 중 개인에게 가장 매력적인 요소이면서 동시에 선발되기 어려운 것이 핵심 인재 경력 개발이다. <그림 4>에 제시된 바와 같이 LG전자의 경우 핵심 인재 개발의 경우 글로벌 CEO 콘퍼런스를 통해 EIP[Early Identified Pool], −GLP[Global Leadership Pool]−예비 경영자−사업가후보 교육을 통해 실시하고 있다. 핵심 인재 경력 개발 또한 Driver[1979]의 직선형 경력 개념과 Dalton, Thompson & Price[1977]의 전문가 육성을 위한 경력단계 모형을 현대 기업의 핵심 인재 경력 개발과 연계할 수 있다[리상섭, 김인숙, 박제일, 최손환, 김창환, 2017]. 따라서, 핵심 인재 경력 개발은 Driver[1979]의 경력 개념 모형 중 직선형 경력 개념과 Dalton, Thompson & Price[1977]의 전문가 육성을 위한 경력단계 모형의 기업 내 경력 개발 실제를 잘 설명해주고 있다

4) 기타 경력 개발

LG전자의 경우 개인의 경력 개발에 있어 한국과 해외를 구분하여 한국인과 비한국인의 경력 개발을 실시하고 있다. 비한국인을 대상으로 직급 필수/직책과 직무를 따로 구분하여 실시하고 있다. 다음은 LG전자의 사례를 통해 각각의 기타 경력 개발을 살펴보고자 한다. <그림 4>에 제시된 바와 같이 LG전자의 기타 경력 개발의 경우 첫째, 직급 필수/직책을 통해 글로벌 New Hire 온보딩−신입 사원−신입 관리자−관리자 향상−글로벌 비즈니스 리더 교육을 실시하고 있다. 둘째, 직무를 통해 마케팅/판매/서비스, 제조/품질, 경영관리[재무/SCM/HR] 교육을 실시하고 있다. 따라서 비한국인 대상 직급 필수/직책 경력 개발은 Driver[1979]의 경력 개념 모형 중 직선형 경력 개념과 Dalton, Thompson & Price[1977]의 전문가 육성을 위한 경력단계 모형의 기업 내 경력 개발 실제를 잘 설명해주고 있으며, 비한국인 대상 직무 경력 개발은 Driver[1979]의 경력 개념 모형

중 전문가형 경력 개념, 나선형 경력 개념, 전이형 경력 개념과 Dalton, Thompson & Price[1977]의 전문가 육성을 위한 경력단계 모형의 기업 내 경력 개발 실제를 잘 설명해주고 있다.

LG전자의 사례에서 본 것과 같이 기업 내 개인의 경력 개발을 위해서는 기업 내에서 자신의 직종과 직무 전문성을 높이면서 동시에 리더로서 자신의 역량을 지속적으로 개발해 나가야 한다[리상섭, 김인숙, 박제일, 최손환, 김창환, 2017]. 결국 기업 내에서 자신이 경력 개발의 주체이기 때문에 각자 개인의 판단에 따라 본인의 기업 내외의 경력 개발 목표에 맞추어 자신의 기업 내 경력 개발 방법을 구체화하고 동시에 실천해 나가야 한다.

04 요약 및 시사점

본 장에서는 체계적으로 정착된 한국 대기업의 경력 개발 사례를 중심으로 경력 개발에 대한 다양한 이론과 실제에 대하여 알아보았다. 특히, 기업 내 경력 개발에 대하여 개인-환경 간 관계, 기업 내 경력 개발 모형, 기업 내 경력 개발 실제 등에 대하여 알아보았다.

경력이란 "개인의 일생에 걸친 일과 관련된 개인의 경험과 과정"으로 경력 관리란 "개인과 개인이 속한 조직이 장기간에 걸쳐 계획적으로 개인의 경력을 설정, 실행, 평가하는 과정"이라고 정의할 수 있다. 경력 개발이란 "장기간에 걸쳐 개인의 경력을 관리하여 지속적으로 향상시키는 과정"이라고 정의하고, 효율적인 경력 관리와 경력 개발을 위해서는 개인과 조직, 좀 더 구체적으로 개인의 직속상사 모두 경력 개발의 주체가 되어야 하며, 개인 경력 개발을 위해 유기적으로 협업해야 한다.

Mink, Owen, & Mink[1993]는 실제성과관리 모형을 통해 개인과 환경 간의 상호작용을 바탕으로 한 고성과 창출 과정을 설명하며, 실제성과관리 모형을 토대로 개인-환경 상호작용 모형을 설명한다. 이후 리상섭은 개인-환경 상호작용 모형 II를 통해 원함과 할 수 있음의 순서를 수정하여 역량 전에 동기가 먼저 선행되어야 한다고 제안한다.

전기석[2017]은 기업 내 경력 개발 모형을 설명하기 위해 경력 개발 주도 주체에 따라 세 가지 형태인 회사주도형, 회사-개인 타협형, 개인주도형의 경력 개발 모형을 제시하였다. 프로틴 경력은 조직이 아닌 사람[개인]이 관리하는 과정으로 성공의 기준이나 특정 결과의 성취에 대한 정의가 외부인 조직이 아닌 정신[심리]적 성공인 내부에 있다고 정의한다[Hall, 1976]. Dirver[1979]는 개인의 경력 개념을 직선형 경력 개념, 전문가형 경력 개념, 나선형 경력 개념, 전이형 경력 개념의 네 가지 경력 개념으로 구분한 경력 개념 모형을 제시한다. Dalton, Thompson & Price[1977]의 전문가 육성을 위한 경력단계 모형은 4단계로 도제, 동료, 멘토, 후원자로 구성되어 있다. 계획된 우연 이론은 경력 상담에서 계획되지 않은 사건을 학습을 위한 기회로 창조하고 전환하도록 하는 확장된 개념 틀로 1999년에 처음 소개된 Mitchell, Levin & Krumboltz[1999]에 의해 제시되었다. 개인과 조직의 비전 일치의 중요성을 설명하기 위해 Mink, Shultz & Mink[1979]와 Mink, Owen & Mink[1993]는 열린 조직 모형을 제시한다.

개인의 기업 내 경력 개발은 크게 두 가지 역량을 증진 시킬 수 있는 기회이다. 첫째, 자신이 담당하고 있는 업무, 즉 직종과 직무에 대한 직무 전문성 증진과 동시에 자신의 업무와 관련된 직종과 직무에 대한 직무 이해도 증진이다. 둘째, 상기 언급한 직무 전문성을 바탕으로 기업 내 현재의 자신의 위치에서 타인, 즉 직속 상사, 동료, 후배, 내부 관련 부서, 외부 협력 업체, 고객 등 함께 원활하게 업무를 수행할 수 있는 리더십 역량의 개발이다. 기업 내 개인의 경력 개발을 위해서는 기업 내에서 자신의 직종과 직무 전문성을 높이면서 동시에 리더로서 자신의 역량을 지속적으로 개발해 나가야 한다.

참고문헌

김흥국(2004). 경력개발의 이론과 실제. 서울: 다산출판사.

박양근(2004). 경력개발과 취업전략. 서울: 무역경영사.

리상섭, 김인숙, 박제일, 석기용, 김창환, 김소현, 노윤신, 최지은(2014). 직업·진로설계. 서울: 양서원.

리상섭, 김인숙, 박제일, 최손환, 김창환(2017). 4차 산업혁명 시대의 직업진로설계: 이론과 실제. 서울: 양서원.

이성엽(2017). 경력개발. 이찬, 리상섭, 신제구, 이성엽, 전기석(편), 인적자원개발론: HRD 이론과 실제 (pp. 231-259). 서울: 양서원.

전기석(2017). 인적자원관리. 이찬, 리상섭, 신제구, 이성엽, 전기석(편). 인적자원개발론: HRD 이론과 실제 (pp. 65-92). 서울: 양서원.

Brousseau, K. R., Driver, M. J., Eneroth, K., & Larsson, R. (1996). Career pandemonium: Realigning organizations and individuals. *Academy of Management Executive,* 10(4), 52-66.

Dalton, G., Thompson, P., & Price, R. L. (1977). The four stages of professional careers: a new loot at performance by professionals. *Organizational Dynamics,* 6(1), 19-42.

Driver, M. J. (1979). Career concepts and career management in organizations. In C. Cooper (ed.), *Behavioral problems in organizations* (pp. 79-139). Englewood Cliffs, NJ: Prentice-Hall.

Gilley, J. W., Eggland, S. A., & Gilley, A. M. (2002). *Principles of Human Resource Development. Cambridge,* Massachusetts: Perseus Publishing.

Hall, D. T. (1976). *Careers in organizations.* Glenview, IL: Scott Foresman.

Mitchell, K. E., Levin, S., & Krumboltz, J. D. (1999). Planned happenstance: constructing unexpected career opportunities. *Journal of counseling & Development,* 77(2), 115−124.

Hall, D. T. (1996). Protean careers of the 21st century. *Academy of Management Exeutive,* 10(4), 8−16.

Hall, D. T. (2004). The protean career: A quarter−century journey. *Journal of Vocational Behavior,* 65(1), 1−13.

Mink, O. G., Owen, K. Q., & Mink, B. P. (1993). *Developing high−performance people: The art of coaching.* Cambridge, Massachusetts: Perseus Books.

Mink, O. G., Shultz, J. M., & Mink, B. P. (1979). *Developing & Managing Open Organizations: A model and method for maximizing organizational potential.* Austin, TX: Somerset Consulting Group.

Swanson, R. A., & Holton III, E. F. (2001). *Foundations of Human Resource Development.* San Francisco, CA: Berrett−Koehler Publishers.

LG전자(2017). http://www.lge.co.kr/lgekr/company/about/sustainability/op_report.jsp

ZDNet Korea(2014). http://www.zdnet.co.kr/news/news_view.asp?artice_id＝20140204111448&type＝det&re＝

05

CAREER
DEVELOPMENT

경력성공을 위한 고용가능성의 이해

최우재[1]

SUMMARY

과거 개인의 경력은 제한된 조직의 범주 안에서 완성되어 왔다. 이는 가부장적인 고용주-종업원의 계약에 의해 상호 책임과 인정, 보호의 개념을 담고 있다. 그러나 조직이 직면하고 있는 불연속적이고 불확실한 변화는 이러한 고용관계의 변화를 가져오고 있다. 특히 최근의 제4차 산업혁명 시대로의 진입이 가속화되고 있는 시점에서 조직은 기술적인 대전환을 맞이하고 있으며, 생존을 위해서는 급진적인 변화가 요구된다. 이러한 변화로 인해 개인의 경력성공을 위해서는 고용안정성(employment security)보다는 고용가능성(employability)이 더욱 중요해지고 있다. 따라서 본 연구는 경력성공과 고용가능성의 개념을 확인하고, 궁극적으로 경력성공에 영향을 미치는 고용가능성을 높일 수 있는 방안을 제시하고 경력성공을 위한 시사점을 찾고자 한다.

KEY WORD   경력성공, 고용가능성

---

1 청주대학교 경영학부 교수(choiwj@cju.ac.kr).

01 서론

전통적으로 개인의 경력은 하나 또는 제한된 조직의 범주 안에서 완성되어 왔다. 이는 가부장적인 고용주-종업원의 계약에 의해 서로에 대한 책임과 인정, 보호의 개념을 담고 있다. 그러나 조직은 불연속적이고 불확실한 변화에 직면하고 있으며, 과거보다 더욱 강력한 혁신의 압력을 받고 있다. 조직이 생존하고 지속적인 발전을 이어가기 위해서는 과거와는 다른 경영전략과 시스템을 마련해야 하는 상황이다.

Chambers[Cisco사의 전 CEO]는 인류 역사상 유례없는 기술적 전환이 현재 진행되고 있다고 주장하고 있다. 그는 만약 기업이 전략과 시스템을 급진적으로 변화시키지 못하거나 스스로 혁신하지 못하면 10~15년 이내에 가치 있는 기업으로 살아남기 어려울 것이라고 경고하고 있다. 이렇듯 과거에 개인이 경력을 유지하고 관리할 수 있도록 지탱해 주었던 조직이 직면하고 있는 도전은 개인들에게도 영향을 미치고 있다. 더 이상 조직은 개인의 영원한 울타리가 될 수 없는 상황이다.

따라서 개인은 자신의 경력성공을 위해 현재의 조직을 넘어서 잠재적인 미래의 조직으로서의 이동을 준비해야 하는 상황이다. 이처럼 경력성공의 개념이 변화하면서 새로운 고용계약형태가 등장하게 되었으며[Ellig, 1988], 고용안정성[employment security]보다는 고용가능성[employability]이 더욱 중요해지고 있다. 개인의 관점에서 고용가능성은 내부노동시장과 외부노동시장에서 선호되는 직무를 획득하고 유지할 수 있는 기회를 의미한다[Thissen, Van der Heijden, & Rocco, 2008]. 개인은 고용가능성이 높아질수록 자신이 원하는 경력기회를 가질 수 있고 경력성공으로 이어질 수 있다. 따라서 개인의 역할 역시 기존의 수동적이고 반응적인 존재에서 적극적이고 능동적인 존재로 변화해야 한다. 즉, 개인의 경력성공을 위해서는 과거와는 다른 고용계약관계가 진행되고 있음을 인식하고, 자신의 고용가능성을 높혀 나가야 한다는 것이다.

본 연구는 개인의 경력성공에 영향을 미치는 고용가능성의 개념을 경력정체성, 적응성, 사회 및 인적자본의 관점에서 살펴보고자 한다. 경력정체성은 동기적, 인지적, 정서적 요인으로 구성되어 있다. 적응성은 낙관주의, 학습지향성, 개방성, 내적통제위치, 자기효능감의 개념을 포함한다. 사회 및 인적자본은 사회적 연결망과 개인의 지식과 기술로 구성된다. 이렇듯 고용가능성은 개인에 대한 다양한 속성을 포함하는 개념이며, 경력성공 역시 주관적 관점과 객관적 관점에 의해 설명되어 왔다. 따라서 본 연구는 고용가능성을 높이기 위한 방안을 제시하고, 궁극적으로 경력성공을 위한 시사점을 찾고자 한다.

02 경력성공

경력관리의 주체가 조직에서 개인으로 변화하고 있으며, 현재의 직무를 넘어서는 전 생애에 걸친 경력에 대한 관심이 고조됨에 따라 경력성공의 정의와 구성요소, 영향요인에 대한 연구가 활발히 진행되고 있다. 본 장에서는 경력성공의 개념과 경력성공의 구성요소를 확인하고자 한다. 경력은 개인의 전 생애에 걸쳐 지속적으로 이루어지는 일과 관련된 총체적인 경험을 말한다. 이러한 경험은 일과 관련된 환경으로써의 활동, 사건, 상황 및 일에 대한 개인의 열망, 기대, 가치, 욕구 등을 포함한다 Greenhaus, Callanan, & Godshalk, 2000. 경험은 환경과 개인의 상호작용으로 정의된다.

경력성공은 개인의 경력 경험의 결과물이다 Arthur, Khapova, & Wilderom, 2005. 경력성공은 주관적 측면과 객관적 측면을 포함하고 있다 Heslin, 2005. 주관적 경력성공은 개인의 일과 관련된 심리적, 인지적, 행동적 경험에 대한 평가이며, 개인의 가치, 태도, 동기를 포함한다. 반면에 객관적 경력성공은 일과 관련된 성취, 승진, 이동, 임금 상승, 직위 획득과 같이 관찰가능하다는 특징을 가지고 있다. 주관적 경력성공은 개인에게 중요한 차원에 대한 내재적 인정이나 평가의 의미를 가진다. 개인들은 다양한 경력 열망을 가지고 있다. 즉, 개인은 수입, 고용안정성, 직장의 위치, 지위, 학습의 기회, 개인과 삶의 균형 등에 대해 차별적인 가치를 부여한다[Arthur et al., 2005]. 객관적 경력성공은 개인의 경력에 대한 가시적 측정이 가능한 외부적 관점을 반영한다. 직업, 이동성, 과업 속성, 수입, 직무 수준, 공식적 역할 등이 포함된다. 또한, 객관적 경력성공은 개인의 판단 뿐 아니라 사회적인 인정을 반영하고 있다.

이러한 두 가지 관점에서의 경력성공의 개념은 상호의존적이다. 경력은 개인의 역할이나 정체성 뿐 아니라 제도적이고 사회적인 지위나 기대감을 포함하고 있다. 궁극적으로 경력성공은 개인의 기대나 만족감이 충족되고 동시에 제도적이고 사회적인 역할이 완성될 때 가능하다. 상호의존적인 관점은 일터에서의 개인은 임금인상, 승진, 배치와 같은 객관적 경력성공을 위해 주어진 과업목표를 달성하기 위해 노력할 뿐 아니라 자신의 업무에 대한 사명이나 학습과 성장을 위한 도전을 추구한다고 본다[Arthur et al., 2005]. 따라서 개인은 일을 통해 지속적으로 객관적 현실을 경험하고, 무엇이 경력성공을 구성하는지를 이해하게 된다. 그리고 이러한 이해에 근거하여 반응한다.

03 고용가능성

1) 고용가능성의 개념

개인이 불확실한 경력 환경하에서 생존하기 위해서는 스스로 끊임없이 변화할 수 있는 능력을 갖추어야 한다. 개인의 적응능력과 적응의지는 경력성공의 핵심적인 요인이다[Hall, 2002]. 전통적으로 조직 내의 개인들은 수동적인 존재로 인식되어 왔다. 그러나 최근에는 경력과 관련하여 개인들이 더욱 적극적이고 능동적인 주체로 간주되고 있다.

고용가능성은 경력기회를 규명하고 현실화시킬 수 있는 직업에 특화된 적응력으로 정의될 수 있다[Fugate et al., 2004]. 고용가능성은 직무 간의 이동, 조직 간의 이동을 촉진한다. 고용가능성이 실제의 직업 획득을 의미하지는 않지만, 고용가능성이 높다는 것은 고용계약을 완성할 가능성이 높다는 것을 의미한다. 이러한 고용가능성은 크게 세 가지 관점으로 구분될 수 있다[Taijseen et al., 2008]. 첫째는 국가 및 사회적 관점에서의 고용가능성은 실제적인 고용률과 경제적 건전성을 의미한다. 이는 국가와 사회가 일자리를 창출하고, 이를 통해 더 많은 인력의 취업을 이끌어 낼 수 있는 능력에 대한 정도를 의미한다. 또한 노동시장에서 수요의 확대를 통해 청년, 장년, 여성, 장애인 등 다양한 사회적 주체가 경제적 생활을 영위할 수 있는 잠재력을 가지고 있는지를 평가한다. 둘째는 조직 내에 있는 구성원들의 관점에서 조직의 경쟁력이 구성원들의 수요를 충족시킬 수 있는지를 의미한다. 다시 말해 현재의 조직에서 지속적으로 고용관계를 유지하고자 하는 구성원들의 요구를 충족시킬 수 있을 만큼의 사업 전략과 경쟁력을 갖추고 있는지를 판단하는 기준이 된다. 끝으로 개인의 관점에서 내부 또는 외부노동시장에서 자신이 원하는 매력적인 직무를 획득하고 유지할 수 있는 기회의 존재 여부를 의미한다. 즉, 개인의 직무와 관련된 경험이나 특성, 잠재력을 통해 지속적인 고용계약을 체결할 수 있는 능력을 의미한다. 이렇게 세 가지 관점에서 고용가능성을 볼 수 있지만, 본 연구에서는 개인의 관점에 집중하고자 한다. 그 이유는 국가 및 사회의 관점은 개인의 능력을 넘어서는 경제환경, 제도환경, 기술환경 등 외생적인 요인이 크게 영향을 미치기 때문이며, 조직의 관점 역시 산업환경 및 경쟁환경 등으로 인해 개인의 역할이 제한적일 수 있다고 판단하였다.

Ashford & Talyor[1990]은 개인의 관점에서 일과 관련된 변화에 대한 적극적인 적응력을 강조한다. 개인은 효과적인 적응을 위해서 일과 관련된 환경에서의 관계와 지위에 대한 피드백과 함께 환경에 대한 적절한 정보를 획득해야 한다. 또한 적응성을 위해 내적 특성을 유지해야 한다. 내적 특성으로는 낙관주의, 자기효능감, 인지능력 등이 포함된다.

2) 고용가능성의 차원

고용가능성은 개인의 경력, 직업, 산업, 기술, 노동시장, 경력 등에 광범위하게 영향을 미친다. 이러한 고용가능성은 경력정체성, 적응성, 사회 및 인적 자본을 포함하는 총체적인 개념이다[Fugate et al., 2004].

그림 1   고용가능성의 휴리스틱 모델

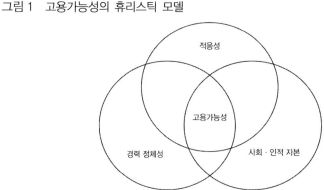

출처: Fugate et al., 2004.

(1) 경력 정체성(career identity)

경력정체성은 경력과 관련하여 '나는 누구인가?'라는 질문에 대한 답을 제공한다. 따라서 경력정체성은 개인의 목표, 희망, 두려움, 특질, 가치관, 믿음, 규범, 상호작용 스타일, 시간 개념 등을 포함한다. 즉, 개인은 특정한 직업 맥락으로 자신을 정의한다. 그러나 무경계 경력[Arthur & Rousseau, 1996]과 프로티언 경력[Mirvis & Hall, 1994]에서 의미하는 바와 같이 직업세계의 역동성은 경력과 관련하여 지속적으로 존재하고 활용가능한 역할 모델이나 규칙이 존재하기 힘들어지고 있음을 보여준다.

경력정체성은 경력과 관련한 개인의 동기적, 인지적, 정서적 요인을 포함하고 있다. 동기적 요인은 경력과 관련하여 개인이 추구하는 방향과 목표에 대한 지속적인 노력과 열의를 나타낸다. 인지적 요인은 경력을 통해 개인이 발휘할 수 있는 능력에 대한 평가의 의미를 담고 있다. 예를 들어 개인이 간호사가 되기를 희망한다면, 관련한 전공을 선택해야 하며, 적절한 현장경험을 통해 환자에 대한 지식과 병원시스템에 대한 이해가 필요할 것이다. 개인의 관점에서 이러한 준비가 되어 있는지 또는 무엇이 부족한지를 구분해 내는 것이 인지적 요인에 해당한다. 정서적 요인은 경력 또는 직업에 대한 애착과 소속감을 말한다. 개인은 자신의 경력을 통해 축적된 경험을 지속하려는 성향을 가지고 있으며, 타인의 경력과 구분하여 장점과 의미를 만들어 내려고 한다. 이러한 과정은 자신의 경력이 타인의 것들보다 더욱 가치있고 중요하다는 생각을 가지게 만든다.

표 1   경력정체성의 하위요인

하위요인	내 용
동기적 요인	경력 목표 추구를 위한 열의와 지속성
인지적 요인	경력 목표 달성을 위한 능력에 대한 평가
정서적 요인	경력 목표에 애착과 소속감

(2) 적응성(personal adaptibility)

적응성이 뛰어난 개인은 끊임없이 변화하는 직무환경에서 조직과 개인의 성과에 긍정적인 영향을 미친다[Pulakos et al., 2000]. 적응성은 개인의 의지와 노력, 특성에 의해 영향을 받는다. Fugate[2004] 등은 적응성에 영향을 미치는 개인 특성 다섯 가지를 제시하고 있다.

첫째, 낙관주의[optimism]이다. 낙관주의자는 변화를 본질적으로 가치가 있는 학습의 기회로 간주하기 때문에 미래에 대해 긍정적인 기대를 가지며, 잠재적 도전과제를 효과적으로 처리할 수 있다는 자신감을 표출한다[Judge et al., 1999]. 또한, 낙관주의자는 경력변화와 이동이 자신의 역량개발의 기회이며, 발전을 위해 필요한 과정으로 인식하기 때문에 거부하거나 회피하기보다는 적극적으로 기회를 탐색하고 가능성을 높이기 위해 노력한다.

둘째, 학습지향성[propensity to learn]이다. 학습지향적인 개인들은 환경의 기회와 위협에 대한 더 많은 정보를 얻으려고 노력하며, 어떤 직업이나 직무가 자신에게 적합한지 그리고 어떠한 경험이나 기술이 요구되는지를 탐색해 나간다. 따라서 학습지향적인 개인들은 자신의 능력과 관심사를 노동시장의 기회와 비교할 수 있고, 자신의 능력에 대한 피드백을 통해 스스로 개발계획을 수립할 수 있다.

셋째, 개방성[openness]이다. 변화와 새로운 경험에 대해 개방적인 개인은 지속적으로 학습하는 경향이 있으며, 경력 기회를 규명하는 데에 적극적이다. 또한 불확실한 상황에 내재되어 있는 도전과 기회에 유연하게 대응하며, 환경변화에 호의적인 태도를 취한다.

넷째, 내적 통제위치[internal locus of control]이다. 일반적으로 통제위치는 내적 통제위치와 외적 통제위치로 구분된다. 내적 통제위치를 가진 개인들은 자신을 둘러싼 환경에 자신이 영향을 미칠 수 있다고 믿는다. 반면에 외적 통제위치를 가진 개인들은 환경으로부터 영향을 받기 때문에 자신의 영향력이 제한적이라고 생각한다[Spector, 1988]. 따라서 내적 통제위치를 가진 개인들은 적응력이 높고 업무와 역할 전환에 더욱 적절하게 대응하는 경향이 있다. 또한 업무 전환과정에서 더욱 적극적인 노력을 보인다.

마지막으로, 자기효능감[Self-efficacy]이다. 자기효능감은 특정 직무나 상황에서 주어진 과제나 문제를 효과적으로 수행하고 해결할 수 있다는 자신에 대한 믿음을 말한다[Bandura, 1977]. 일반적으로 자기효능감은 개인의 직무만족도와 직무성과에 긍정적인 영향을 미친다. 또한 개인의 행복감과 성취감 등 다양한 변수들에 영향을 미친다. 따라서 환경변화에 적절하게 대응하고 기대하는 성과수준에 도달할 수 있다는 믿음은 경력과 관련한 자신의 능력에 대해 긍정적인 평가를 하게 만들 것이며, 이를 통해 고용가능성을 높이게 될 것이다.

표 2 적응성에 영향을 미치는 개인특성

개인특성	내 용
낙관주의	미래에 대한 긍정적인 기대
학습지향성	변화와 새로운 도전을 학습의 기회로 인식
개방성	환경변화에 대한 호의적 태도
내적 통제위치	자신이 환경에 영향을 미칠 수 있다는 믿음
자기효능감	자신이 과제와 문제를 효과적으로 수행하고 해결할 수 있다는 능력에 대한 믿음

(3) 사회적·인적 자본(social and human capital)

개인은 경력을 통해 미래의 이익을 위해 자신의 사회적 및 인적 자본에 대해 투자한다. 사회적 자본은 사회적 연결망social network에 내재되어 있는 선의goodwill를 말한다. 사회적 자본은 고용가능성의 사회적 측면과 대인관계 측면을 설명한다. 즉, 고용가능성을 위한 정보를 습득하기 위해 필요한 정보의 소유자와 관계를 형성함으로써 다른 사람보다 효과적으로 유익한 정보를 습득할 수 있게 만든다. 정보 습득에 유용한 사회적 연결망은 연결망 크기size와 연결망 강도strength에 의해 결정된다Higgins & Kram, 2001. 연결망 크기는 개인이 접근할 수 있는 정보 원천의 범위를 결정한다. 연결망 강도는 연결망 내에서의 상호 결속solidarity과 호혜성reciprocity의 정도를 말한다. 사회적 연결망은 개인이 현재 수행하는 직무의 범위 뿐 아니라 조직과 산업의 경계를 넘어서는 영향력을 발휘할 수 있게 한다. 특히 개인이 예측하거나 기대하기 어려운 기회에 대한 정보를 제공할 수 있어서, 개인의 경력확장에 도움을 준다. 예를 들어 성공적인 경영자들은 비공식적인 사회적 자본을 통해 더 많은 고용기회를 가지고 더 높은 보수를 받게 된다.

노동시장에서 경력기회를 현실화시키는 능력은 개인의 인적 자본에 의해 영향을 받는다. 인적 자본은 주로 교육수준, 업무 경험, 훈련참여, 근속년수 등을 통해 표현되지만, 최근에는 감성지능과 인지능력까지를 포함한다. 인적 자본의 여러 요인들 중에서도 교육수준과 업무 경험은 고용가능성에 가장 강한 영향을 미친다Judge, Cable, Boudreau, & Bretz, 1995. 일반적인 인력선발과정은 일정한 교육수준을 요구하거나 또는 이에 상응하는 훈련참여 정도를 확인한다. 따라서 이러한 조건을 충족시키지 못하면 고용가능성은 매우 낮아진다고 할 수 있다. 업무경험은 해당 업무에 대한 전문성과 암묵적 지식의 습득을 가능하게 한다. 업무경험은 특정 산업이나 직업에서 사용될 수 있는 특유지식specific knowledge 뿐 아니라 보편

적으로 활용이 가능한 일반지식general knowledge의 습득을 가능하게 할 수
도 있다. 업무경험은 개인의 생산성과 보상의 수준을 결정하는 중요한
예측변인이 되며, 조직과 개인의 적응성을 높인다. 따라서 인적자본에 대
한 투자는 현재의 고용관계를 유지하는 것 뿐 아니라 지속적인 고용가능
성을 높이는 데에 기여할 수 있다.

표 3 　사회적·인적 자본의 구성요소

구 분	구성요소
사회적 자본	연결망 크기, 연결망 강도
인적 자본	교육수준, 업무경험, 훈련참여, 근속년수, 감성지능, 인지능력

04 고용가능성과 경력성공의 관계

고용가능성은 내부노동시장과 외부노동시장 모두에서 의미를 가질 수
있다Rothwell & Arnold, 2007. 내부노동시장은 개인이 현재 몸담고 있는 조직을
말한다. 개인은 조직 내에서 공동의 목표를 달성하기 위해 동료들과 협
업을 해나가는 동시에 개인의 경력성공과 목표 달성을 위해 기대하는 수
준의 성과를 달성해야 하고, 지속적인 학습과 자기개발의 노력을 기울이
게 된다. 내부노동시장의 관점을 반영한 속성을 내부유연성internal flexibility
이라고 한다. 더욱이 개인은 외부노동시장을 통해 자신의 가치를 평가하
고 산업 및 직무환경의 변화에 적응할 수 있는 역량을 갖추어야 한다. 외
부노동시장에서의 가치는 산업전반에 걸친 적응성과 통용될 수 있는 기

술의 습득과 유지를 통해 지속적인 고용상태를 유지할 수 있는 정도에
의해 평가된다. 이와 같은 외부노동시장의 관점을 반영한 속성은 외부이
동성external mobility이다.

 무경계 또는 프로티언 경력은 개인의 경력성공에 있어 조직 간 이동을
강조하고 있다. 이러한 현상은 조직은 더 이상 평생고용lifetime employment을
보장하지 못한다는 상호간의 이해에 기반한다. 하지만 외부이동성은 실
제로 현재의 조직을 떠나 새로운 조직으로 이동하는 상태를 의미하는 것
이 아니라 그렇게 할 수 있는 기회를 말한다. 즉, 평생고용이 보장되지
않는 현실에서 개인은 현재의 고용관계를 유지할 수도 있지만, 새로운
고용관계를 형성할 수 있는 가능성이 높을수록 고용가능성은 높아지며,
이는 개인의 객관적 및 주관적 경력성공으로 이어질 수 있다. 개인이 고
용된 상태에 있다는 것은 사회적 지위를 유지하고 경제적 수익을 창출할
수 있기 때문에 객관적 경력성공으로 이어진다. 또한, 일을 통해 스스로
의 열망이나 성취감을 충족시켜 나감으로써 주관적 경력성공을 높혀 나
갈 수 있다.

 Arthur et al.2005는 경력성공에 있어 사회적 지원의 중요성을 역설하고
있다. 개인들은 타인과의 관계를 통해 자신의 경력을 개발하고 성공을
추구한다. 동료들은 개인이 업무를 수행하는 데에 도움을 제공하고, 경력
성공이 그들과의 관계에 있어 얼마나 중요한지를 이해하게 만든다. 좀
더 구체적으로 동료 또는 상사로부터의 코칭이나 멘토링은 개인이 업무
를 수행하는 데에 필요하거나 부족한 지식과 기술을 배울 수 있는 기회
를 제공하고, 인생 전반에 걸친 관심사에 대한 조언을 제공해 줌으로써
개인의 주관적 경력성공에 기여할 수 있다. 최근에 커뮤니티 중심의 경
력지원community-centered career support은 직장, 학교, 가정, 동호회 등 사회적
관계를 통해 이루어지고 있다. 즉, 개인의 현재와 과거의 직장, 직무관련
전문가 모임, 취미를 기반으로 하는 동호회 모임 등을 통해 사회적 자본
을 형성하게 된다. 이렇게 형성된 사회적 자본을 통해 현재의 업무에 필

요한 지식과 기술 뿐 아니라 새로운 고객이나 전문가들과 연결될 수 있다. 또한 전직이 필요할 때에 새로운 직장에 대한 정보를 제공받을 수도 있다.

그림 2 고용가능성과 경력성공의 관계

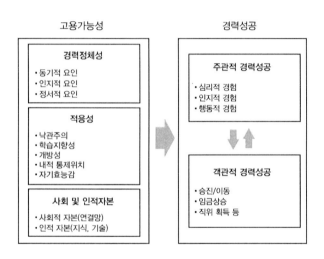

고용가능성은 경력정체성, 적응성, 사회 및 인적자본을 포함하는 개념이다. 따라서 고용가능성이 높은 개인은 경력정체성이 더 높다고 할 수 있다. 개인의 경력을 통해 자신의 정체성을 확인하게 된다. 경력정체성은 개인의 경력과 관련된 과거, 현재, 미래에 의미를 부여하는 것이다. 또한, 경력정체성은 개인의 가능한 자아possible selves를 실현하기 위한 동기motive와 주변인들에게 자신의 진정한 자아를 보여주고자 하는 열망에 의해 형성될 수 있다. 즉, 경력정체성은 자신의 내적 가치뿐만 아니라 환경의 가치까지를 함께 고려하고 있다. 개인의 내재적 동기와 열망은 주관적 경력성공에 영향을 미칠 수 있다. 자신이 스스로 만족할 수 있고 성취감을 얻을 수 있는 경력기회를 획득하고 있다고 판단하는 주관적 경력성공은 개인의 가치와 일관될수록 높아질 것이다. 또한, 외부의 인식이나 평가에 대한 주의를 통해 객관적 경력성공에 대한 고려도 가능해진다.

적응성은 낙관주의, 학습지향성, 개방성, 내적 통제위치, 자기효능감에 의해 영향을 받는다. 낙관주의자는 미래에 대해 긍정적인 기대감을 가진다. 따라서 경력과 관련된 변화를 회피하기보다는 적극적으로 기회를 탐색함으로써 더 많은 정보를 수집하고, 경력성공의 가능성을 높이게 된다. 또한 학습지향성은 자신의 능력과 관심사를 노동시장의 기회와 연결하려는 노력을 통해 경력성공에 도움을 준다. 개방성은 불확실한 상황에서 새로운 도전에 직면할 때에 유연성을 발휘할 수 있는 능력이다. 이는 프로티언 경력태도와도 연결된다. 즉, 자신의 역할과 경력의 경계를 스스로 확장함으로써 더 많은 기회를 탐색하도록 하기 때문에 경력성공으로 이어질 수 있다. 내적 통제위치를 가진 개인은 환경에 영향을 미칠 수 있다고 믿기 때문에, 어려움에 직면하거나 기대하는 성과를 거두지 못하더라도 자신의 전략을 수정하는 방식으로 목표 달성을 위한 노력을 지속해 나갈 수 있다. 따라서 경력성공의 가능성이 높아진다. 또한 자기효능감이 높은 개인은 자신이 성취할 수 있는 목표의 수준을 높게 설정하고 이를 달성하기 위해 지속적으로 열정과 에너지를 발휘하기 때문에 경력성공의 가능성이 높아진다.

사회적 자본은 고용가능성의 인간관계적 측면을 말한다. 이는 사회적 연결망을 통해 경력기회에 대한 많은 정보에 접근할 수 있는 개인은 그렇지 않은 개인에 비해 고용계약을 체결하고 유지할 수 있는 가능성이 높아지기 때문에 경력성공에 긍정적인 영향을 미친다. 또한 인적자본은 개인이 가진 지식이나 기술, 노하우를 말한다. 즉, 기술환경의 변화는 새로운 지식과 기술을 요구하게 되는데, 개인이 기술환경의 변화에 맞는 지식과 기술을 가지고 있다는 것은 개인에게 요구되는 직무를 효과적으로 수행할 수 있도록 돕기 때문에 더 많은 경력기회를 가질 수 있게 만들며, 이는 경력성공으로 이어진다.

05 결론

조직이 직면하고 있는 경쟁환경, 기술환경, 제도환경, 문화환경의 변화는 과거와 비교하여 더욱 불확실하고 불연속적으로 변화하고 있다. 환경변화의 양상은 개인의 경력에도 영향을 미치면서 프로틴 경력 또는 무경계 경력이라는 개념이 등장하게 되었다[Hall, 1976].

개인에게 경력은 기본적인 의식주를 해결하기 위한 토대가 되기도 하고, 자신의 흥미와 적성에 맞는 직업을 선택한다는 의미를 가지기도 하며, 사회적으로 높은 지위를 획득하거나 남다른 성취를 이룬다는 것을 의미하기도 한다. 따라서 객관적으로 얻어지는 보상이나 직위 뿐 아니라 주관적인 평가와 인정이 더욱 중요하게 인식되기도 한다.

본 연구에서는 경력성공과 고용가능성의 개념, 두 개념 간의 관계를 살펴보았다. 경력성공은 경력 경험의 결과물이다[Arthur, Khapova, & Wilderom, 2005]. 주관적 경력성공은 개인의 일과 관련된 심리적, 인지적, 행동적 경험에 대해 스스로 만족하는 정도를 말하며, 가치, 태도, 동기를 포함하기 때문에 외부에서 평가하기 어렵다. 반면에 객관적 경력성공은 일과 관련된 성취, 승진, 이동, 임금 상승, 직위 획득과 같이 외부에서 확인할 수 있다. 따라서 경력성공은 어떠한 관점에서 보느냐에 따라 달리 평가될 수 있다. 그러나 주관적 및 객관적 경력성공은 상호 배타적인 것이 아니라 상호보완적인 개념이다[Fugate et al., 2004]. 즉, 주관적 경력성공은 개인의 경력에 대한 몰입을 촉진하기 때문에 객관적 경력성공에 긍정적인 영향을 미칠 수 있으며, 객관적 경력성공을 통한 성취감은 주관적 경력성공에 긍정적인 영향을 미칠 수 있다.

　이러한 경력성공에 대한 선행요인으로 프로티언 경력태도[배을규, 이민영, 김대영, 2014], 일의 가치[신소연, 탁진국, 2017], 자기효능감[이재현, 오장용, 2013] 등이 연구되어 왔다. 그러나 고용가능성과 경력성공의 관계에 대한 연구는 매우 제한적이다[Fugate et al., 2004]. 따라서 본 연구는 고용가능성의 어떠한 속성이 경력성공에 영향을 미치는지를 탐색하였다. 경력정체성이 높은 개인은 자신의 일과 관련된 경험을 통해 자신을 정의하기 때문에 자신의 경력에 더욱 집중하게 되고, 이로 인해 경력성공의 가능성이 높아진다. 적응성이 높은 개인은 변화를 자기 개발의 기회로 인식하고 더 높은 목표를 달성하기 위한 열정과 에너지를 발휘하기 때문에 경력성공으로 이어질 가능성이 높다. 또한 사회적 자본은 경력기회와 관련된 유용한 정보를 획득할 수 있는 가능성을 높이며, 인적 자본은 직무를 수행하는 데에 요구되는 지식과 기술을 통해 경력을 지속하고 효과적으로 관리할 수 있도록 돕는다.

　결론적으로 경력에 대한 새로운 정의가 요구되는 현 시점에서 개인이 원하는 경력성공을 이루기 위해서는 선행요인으로써의 고용가능성을 제공하는 것이 필요하다. 고용가능성을 제고하기 위해서는 개인에게 경력이 어떠한 의미가 있는지를 스스로 성찰하려는 노력이 필요하다. 즉, 자신의 경력목표 추구의 동기적 요인, 목표달성의 가능성 여부 확인, 목표에 대한 주인의식이 필요하다고 할 수 있다. 더욱이 적응성을 높이기 위해서는 자신에 대한 긍정적 평가를 할 수 있는 성공적인 경험이 중요하며, 개방적이고 적극적인 태도를 갖는 것이 중요하다. 또한, 현재 뿐 아니라 미래의 경력경로를 설계하고 역량을 개발함으로써 인적자본을 축적하고, 자신의 커뮤니티를 확장함으로써 경력관련 정보를 습득할 수 있는 사회적 연결망을 구축해 나가야 한다.

참고문헌

배을규, 이민영, 김대영(2014). 문화예술교육 전문 인력의 프로티언 경력 태도 가 경력 만족에 미치는 영향: 자기주도학습 능력의 조절 효과. Andragogy Today: IJACE, 17(1), 91－113.

신소연, 탁진국(2017). 내적 일의 의미, 자기주도적 경력태도, 주관적 경력성공 의 관계: 경력지원 멘토링의 조절효과. 한국심리학회지: 산업 및 조직, 30(1), 1－24.

이재현, 오장용(2013). 사회복지사의 주관적 경력성공에 대한 개인 및 조직 수 준 영향요인에 관한 연구. 한국사회복지조사연구, 38, 47－73.

Arthur, M. B., Khapova, S. N., & Wilderom, C. P. M. (2005). Career success in a boundaryless career world. *Journal of Occupational Behavior, 26,* 177－202.

Ashford, S. J., & Talyor, M. S. (1990). Adaptation to work transitions: An integrative approach. In G. R. Ferris & K. M. Rowland (Eds.), *Reserach in personnel and human resources management* (Vol. 8, pp. 1－39). Greenwich, CT: JAI Press.

Bandura, A. (1977). *Social learning theory.* Englewood Cliffs, NJ: Prentice－Hall.

Ellig, B. R. (1988). Employment and employability: Foundation of the new social contract, *Human Resource Management, 37(2),* 173－175.

Fugate, M., Kinicki, A. J., & Ashforth, B. E. (2004). Employability: A psycho－social construct, its dimensions, and applications. *Journal of Vocational Behavior, 65,* 14－38.

Greenhaus, J. H., Callanan, G. A., & Godshalk, V. M. (2000). *Career management,* Chicago: Dryden Press.

Hall, D. T. (2002). *Careers in and out of organizations.* Thousand Oaks, CA: Sage.

Heslin, P. A. (2005). Conceptualizing and evaluating career success. *Journal of Organizational Behavior.* 26(2), 113−136.

Higgins, M. C., & Kram, K. E. (2001). Reconceptualizing mentoring at work: A developmental network perspective. *Academy of Management Review,* 26, 264−288.

Judge, T. A., Thoresen, C. J., Pucik, V., & Welbourne, T. M. (1999). Managerial coping with organizational change: A dispositional perspective. *Journal of Applied Psychology, 84,* 107−122.

Mirvis, P. H., & Hall, D. T. (1994). Psychological success and the boundaryless career. *Journal of Organizational Behavior,* 15, 365−380.

Pulakos, E. D., Arad, S., Donovan, M. A., & Plamondon, K. E. (2000). Adaptibility in the workplace: Development of a taxonomy of adaptive performance. *Journal of Applied Psychology, 85,* 612−624.

Rothwell, A., & Arnold, J. (2007). Self−perceived employability: Development and validation of a scale, *Personnel Review, 36(*1), 23−41.

Spector, P. E. (1988). Development of the work locus of control scale. *Journal of Occupational Psychology,* 61, 335−340.

Thissen, J. G., Van der Heijden, B. I., & Rocco, T. S. (2008). Toward the employability−Link model: Current employment transition to future employment perspectives. *Human Resource Development Reveiw, 7*(2), 165−183.

편저자 약력

배 을 규

서울대학교 사범대학에서 학사, 석사를 마치고 미국 오하이오주립대학교(The Ohio State University)에서 HRD전공으로 교육학 박사 학위를 받았다. 휘경여중 교사, 대우인력개발원 과장, 경일대학교 교수를 거쳐 현재 인하대학교 교육학과 교수로 재직하고 있다.

이메일: ekbae@inha.ac.kr

김 효 선

미국 오하이오주립대학교에서 인적자원개발과 직업교육으로 박사학위를 취득한 뒤 동 대학교 겸임교수와 오하이오주립대학교 메디컬센터 HR specialist, 서울대학교 한국인적자원연구센터 선임연구원, 이화여자대학교 경영학부 국제사무학과 초빙교수를 역임하였다. 현재 상명대학교 교육학과 평생교육/HRD 전공 교수로 재직 중이며 상명대학교 청소년행복교육연구소 소장 등을 담당하고 있다. 관심 연구 분야는 경력개발, 조직문화, 성인학습, 데이터 기반 HR 등이다.

이메일: hyosunk@smu.ac.kr

김 대 영

인하대학교 교육학과를 졸업하고 동대학원에서 HRD 전공으로 교육학 박사 학위를 취득하였다. (주)대웅경영개발원 교육기획팀 대리, (주)크레듀 HR컨설팅팀 책임 컨설턴트를 거쳐 현재는 한국직업능력개발원 부연구위원으로 재직 중이며, HRD연구 편집위원으로 활동하고 있다. 관심 연구 분야는 프로그램 평가, 조직 학습, 경력개발, 역량 개발 등이다.

이메일: hrdkdy@krivet.re.kr

이 민 영

인하대학교 교육학과를 졸업하고 동대학원에서 HRD 전공으로 박사를 수료했다. (주)PSI컨설팅에서 다수의 대기업 및 공공 기관의 역량모델링, 교육체계 수립, 조직문화 활성화 프로젝트를 수행했으며, 현재는 대웅경영개발원 교육팀 차장으로 근무중이다. 주요 관심 연구 분야는 소셜 네트워크 분석, 자기주도학습 능력, 경력개발 등이다.

이메일: hrd21c@naver.com

리 상 섭

The University of Texas at Austin에서 Adult & Organizational Learning으로 박사학위 취득 후 LG전자 본사 인재육성팀 차장을 역임하였다. 현재 동덕여자대학교 교육컨설팅학과 교수로 재직 중이며, 동덕여자대학교 리더십센터 센터장, 평생교육사과정 주임교수, 교직과정 주임교수 등을 역임하였다. 연구 관심분야는 글로벌 인적자원개발, 성인학습, 리더십, 이문화, 액션러닝 등이다.

이메일: sangseub@dongduk.ac.kr

조 성 준

고려대학교 정치외교학과를 졸업한 후, 미국 미네소타 주립대학에서 인적자원/노사관계 석사, 인적자원개발로 박사학위를 취득하였다. 한국 산업기술대학교 겸임교수, 미국 Utica College 경영학과 교수를 역임하였고, 2014년부터 가천대학교 글로벌경영학과 교수로 재직하면서, 조직행동, 리더십, 인적자원관리, 조직인적자원개발, 경영관리론 등 인사조직 관련 강좌를 담당하고 있다. 현재 한국인력개발학회 상임이사, 농업교육과 인적자원개발 편집위원, 인천공항공사 청렴옴부즈만 및 감사위원, 직업훈련 심사평가위원으로 활동하고 있다. 연구 관심분야는 인적자원개발, 리더십, 사회네트워크 연구, 선발과 채용관리 등이다.

이메일: sungguri@gachon.ac.kr

최 우 재

미국 오하이오주립대학교에서 인적자원개발학으로 박사학위를 취득하였다. 현대경제연구원(인재개발부문)에서 선임연구원, ㈜크레듀 HR 컨설팅 팀장을 역임하였으며, 현재는 청주대학교 경영학과에 재직 중이다. 공공기관 및 민간기업 HRD 관련 자문 활동을 하고 있으며, 관심분야는 공유 및 진성리더십, 긍정심리자본, 학습과 성과, HRD 시스템 등이다.

이메일: choiwj@cju.ac.kr

한국인력개발학회 HRD 총서 2

HRD학술총서: 경력개발

초판발행   2018년 5월 25일

엮은이   최우재
지은이   조성준, 김대영·이민영, 김효선, 리상섭, 최우재
펴낸이   안상준

편 집   배근하
기획/마케팅   이선경
표지디자인   조아라
제 작   우인도·고철민

펴낸곳   ㈜ 피와이메이트
              서울특별시 마포구 월드컵북로 400, 5층 2호(상암동, 문화콘텐츠센터)
              등록 2014. 2. 12. 제2015-000165호
전 화   02)733-6771
f a x   02)736-4818
e-mail   pys@pybook.co.kr
homepage   www.pybook.co.kr
ISBN   979-11-89005-11-5   93370

* 잘못된 책은 바꿔드립니다. 본서의 무단복제행위를 금합니다.
* 엮은이와 협의하여 인지첩부를 생략합니다.

정 가   13,000원

박영스토리는 박영사와 함께하는 브랜드입니다.